IX Certamen internacional de pintura
Manuel Ángeles Ortiz

2025

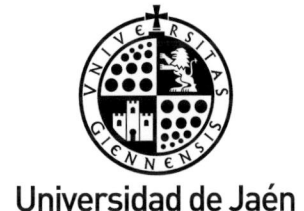

Universidad de Jaén

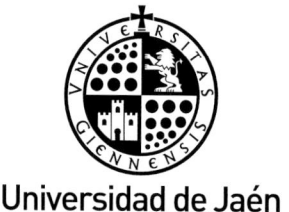

Universidad de Jaén

RECTOR MAGNÍFICO DE LA UNIVERSIDAD DE JAÉN	Nicolás Ruiz Reyes
VICERRECTORA DE CULTURA	Marta Torres Martínez
SECRETARIADO DE ACTIDADES CULTURALES Y AULA ABIERTA	M.ª Isabel Abad Martínez

JURADO

PRESIDENTE	Pedro A. Galera Andreu
SECRETARIO	Jesús Conde Ayala
VOCALES	Lourdes Castro Cerón
	Teresa Arroyo de la Cruz
	Juan Francisco Casas

EXPOSICIÓN	Servicio de Actividades Culturales
MONTAJE	Arquimera S. L.

EDICIÓN	© Textos: sus autores
	© Universidad de Jaén
	1.ª edición, marzo 2026
	Publicaciones de la Universidad de Jaén
	Vicerrectorado de Cultura
	Servicio de Actividades Culturales

FOTOGRAFÍAS	Fernando Mármol Hueso
	Ana Serrano Bergantiño
	Autores de las obras

IMPRESIÓN	Gráficas La Paz de Torredonjimeno, S. L.
ISBN	978-84-9159-744-5
Depósito Legal	J-99-2026

Impreso en España / *Printed in Spain*

La Universidad de Jaén convoca, desde 2016, los Premios de Creación Artística y Literaria que incluyen el Certamen Internacional de Pintura "Manuel Ángeles Ortiz", en honor a la figura del genial creador jiennense, uno de nuestros artistas más universales, a fin de reconocer su obra y reivindicar su visión del arte, tan singular y única, tan sorprendente y poco convencional.

Celebramos la décima edición de este certamen, que premia el talento y que supone el compromiso ininterrumpido de la Universidad de Jaén con el impulso del talento y de la actividad creadora contemporánea, al tiempo que posibilita a nuestra institución la adquisición de obras de arte de calidad para enriquecer su colección patrimonial.

El certamen implica la celebración de una exposición de las obras seleccionadas al término de la convocatoria, entre las que se eligen las que reciben los tres premios contemplados, uno de ellos destinado a un artista jienense emergente. En esta ocasión, han concurrido más de doscientas propuestas, de las que se han escogido un total de 18. La alta calidad de las obras seleccionadas responde a la poliédrica línea de tendencias que caracteriza actualmente al panorama artístico. Además, la muestra se presenta variada también en lo que respecta a la procedencia de los artistas que la integran, con diversa formación y trayectoria.

En mi calidad de rector de la Universidad de Jaén, quiero agradecer la participación a todos los artistas, especialmente, a los seleccionados y, de manera particular, a los ganadores. Además, agradezco la disponibilidad e implicación de los miembros del jurado, compuesto en esta edición por Pedro Galera, Jesús Conde, Lourdes Castro, Juan Francisco Casas y Teresa Arroyo.

En definitiva, la Universidad de Jaén prioriza su fuerte compromiso con la Cultura al alzarse como una de las misiones que debe desarrollarse en el territorio más inmediato, con el fin de devolverle a la sociedad parte de lo invertido en el desarrollo del saber.

Nicolás Ruiz Reyes
Rector Magnífico de la Universidad de Jaén

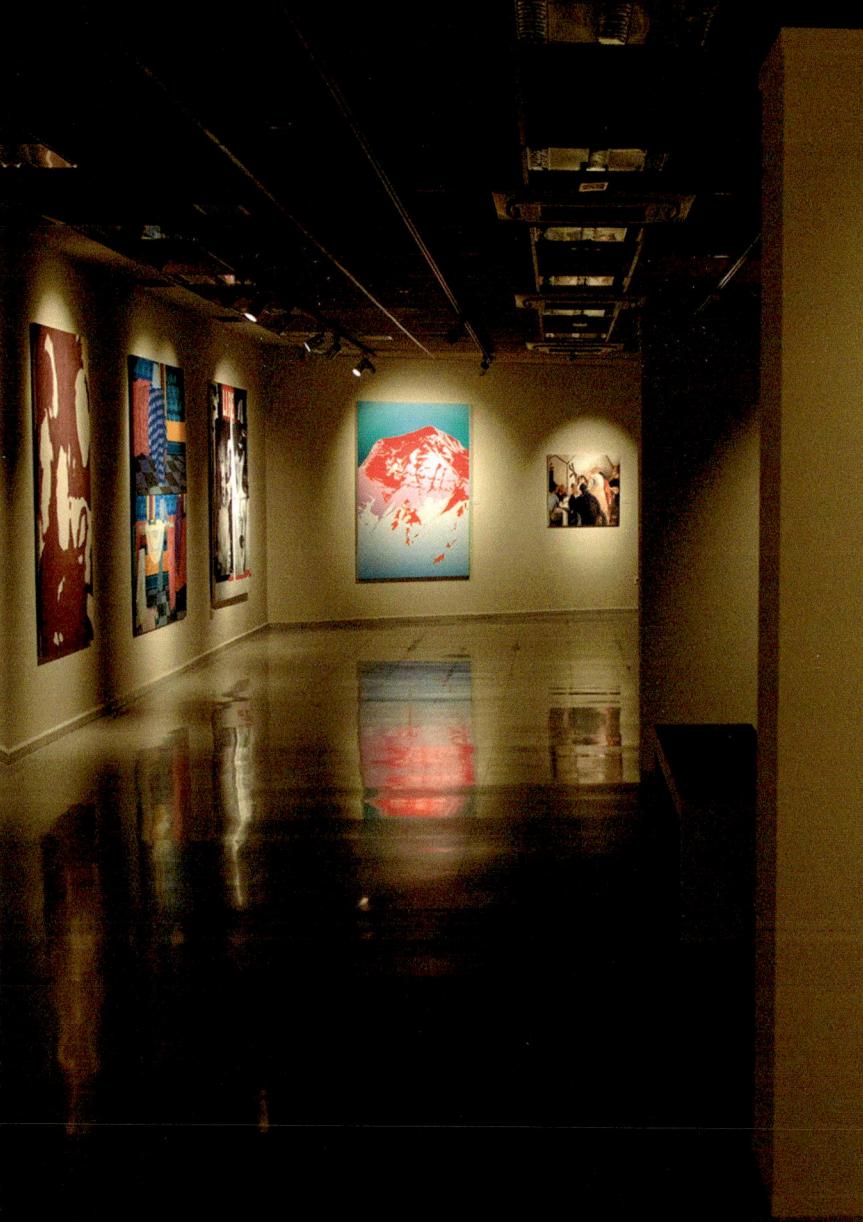

MAO

X CERTAMEN
INTERNACIONAL
DE PINTURA
'MANUEL ANGEL
ORTIZ' 2025

UNIVERSIDAD DE J

PINTANDO IDEAS

El arte moderno, desde el Renacimiento, no ha hecho más que pintar ideas. Es decir, se hizo de la pintura una idea; por encima del "hacer" estaba el "idear". Todo tema, todo objeto, debía ser sometido a un proceso de invención a la hora de su representación plástica. Ahí estaba el inexcusable principio de originalidad, punto esencial para la fruición estética. Como el escritor, el pintor podía no solo establecer un discurso estrictamente narrativo, sino cómo contarlo. La imagen resultante, admitía múltiples variantes ante las que el espectador podía elegir y en la elección juzgar las calidades. Incluso las imágenes conceptuales rigurosamente codificadas, como las alegorías, no escapaban a una libre interpretación en manos de un artista. Pensemos, por ejemplo, en la alegoría misma de la "Pintura", tal como la codifica quizá el mayor iconólogo, ya en el periodo del Barroco, Cesare Ripa: una figura femenina con la paleta y el pincel en ambas manos, elementos obvios del oficio, una cadena de oro al cuello con una pequeña máscara, significando la imitación del natural, y una mordaza en la boca para indicar el silencio o mutismo con que se manifiesta esta "poesía muda" en contraposición a la poesía de explícitas imágenes literarias. Sin embargo, cuando una mujer, pintora, aborda este tema, Artemisia Gentileschi (1593-1656?), sin abandonar los símbolos identificativos del arte de pintar: pincel, paleta y lienzo e incluso la cadena y la máscara, prescinde de la mordaza; libera la belleza sensual de la boca entreabierta de la figura alegórica, encarnada en su propio autorretrato, porque ella, con gran orgullo, exhibe su cualidad de mujer pintora bajo la impronta de mujer bella, pues la belleza es inherente al igual que la nobleza, según el mismo Ripa, a la Pintura.

La mayoría de los más de doscientos cuadros que se han presentado a este décimo certamen "Manuel Ángeles Ortiz", patrocinado por la Universidad de Jaén, parecen obsesionarse por dotar de un trasfondo literario, ya sea filosófico o meramente poético, a su obra, cuando su verdadera poesía -en el estricto sentido creativo- radica en su pura plástica. En este sentido podemos comenzar por la obra ganadora, *Exoplaneta II*, de la artista jiennense Teresa Martínez, sobre la que ella misma afirma que aborda "el concepto del infinito y los ciclos naturales", resuelto en un vórtice estelar configurador de una forma planetaria integrada por abstractas pulsiones vitales. Sin necesidad de explicar significados concretos, la forma resultante en el montaje de luz y color encierra una poética lo suficientemente sugestiva para estimular la imaginación del espectador.

La posibilidad de significados que toda obra artística ofrece en un plano semiótico, como sostiene U. Eco, aun en aquellas que optan por la vía más descriptiva de los hechos, dotan a la pintura del inefable sentido del misterio, a veces ligado de manera directa a lo arcano. Algo de esto nos plantea *Surgen nuevos significados*, el segundo premio del certamen, del que es autor el sevillano José Antonio Domínguez. La obra apela al pasaje de la vida de san Agustín en el que, para explicar la imposibilidad de la racional comprensión del misterio de la Trinidad, el santo vio en una playa a un niño querer meter todo el agua del mar en un hoyo. La pintura transmite de inmediato un halo de misterio emparentado en lo hierático de las dos figuras de los religiosos y en la seca y abstracta naturaleza de tierra y agua con la pintura simbolista francesa de fines del siglo XIX, un tanto al modo de Puvis de Chavannes, y como el pintor galo, J.A. Domínguez nos habla de "la humildad ante lo divino" y asociada a ella el cuestionamiento del poder absoluto de la razón.

Always look on the bright side of life, tercer premio, obra de Miguel García Cobo, bajo su optimista título, combina también en clave simbólica (el perro verde) la irreductible personalidad del artista en abstracto, que desde su marginalidad social resiste con su arte los embates de las aceleradas transformaciones sociales y culturales de la era digital., a través de la metáfora de la autopista que nos lleva hacia adelante parcialmente iluminada en la oscuridad de la noche.

Ideas similares, expresadas siempre de diferentes maneras, nutren asimismo la mayoría de la obra seleccionada que acompañan esta muestra. El siempre apasionante misterio de la fisonomía humana encuentra las más inquietantes interrogaciones, por medio del rostro, que con reiterada frecuencia concurren a certámenes y exposiciones. Para esta selección se ha optado por dos menos usuales, pero de mayor reflexión: *Monografía sobre la aparición 3*, de Josep Tornero, parte de un proyecto sobre la construcción del rostro en la Historia, y *Eve*, una introspectiva mirada de Cristina Toledo sobre nuestra propia percepción y la que sobre nosotros tienen los demás, utilizando un fotograma de espaldas de la artista Eva Marie-Saint. Sin que tampoco falte la manifestación expresionista de la identidad a través del proceso constructivo de la imagen por medio del trazo, la aplicación de la materia y el color, como en *Chicas malas*, de Paula Lisbona.

La fuerte presencia de mujeres artistas en el certamen por fuerza amplía la variedad de los enfoques desde una perspectiva de género, bien sea en clave del misterioso mundo interior del ámbito doméstico, presentado como camino de seducción por Ana Pavón, autora de *Los misterios del Gineceo*, o el simbolismo de un animal hembra y la casa, en *Loba negra*, de M.ª Luisa Beneytez, elegida como totem protector, cuyo color y el paisaje nocturno dotan también a todo el cuadro de un misterio que se acentúa en la tonalidad verde dominante del suelo reflejada en la casa.

Visiones y actitudes bien diferentes de la mirada masculina ante este tema de género, como demuestra Luis M. Rubio en *Penélope*, el mito clásico de la esposa fiel, exponente igualmente de fuerza e inteligencia, pero valorada desde la perspectiva indirecta de la admiración o exaltación del héroe masculino. La obra, una equilibrada composición entre la figura escultórica de Bourdelle, significativamente elegida por su rotundidad, y el sutil y delicado dibujo de la pared de un espacio expositivo, revela en su plasticidad esa distinta mirada. Al igual que en *Anatomía de la Resilencia*, Juan M. Fraga presenta una alegoría de la humanidad herida encarnada en una figura femenina encogida en posición fetal con la cual el autor quiere expresar la vulnerabilidad y a la vez su resistencia mediante los parches metálicos dorados que luce su cuerpo, elementos terapéuticos de un método curativo nipón, el "kintsugi". El resultado final, más que la trascendente reflexión filosófica, es al fin esteticista.

No termina aquí el elenco de ideas representadas, como tampoco la diversidad de estilos tanto dentro de la línea figurativa, dominante, como de la no figurativa. De la primera, llama la atención, además de las temáticas reseñadas, el interés por la cultura digitalizada, su crítica a las limitaciones dicotómicas, presentada de forma simbólica y un tanto ingenua en un torneo caballeresco entre el "bien" y el "mal", en *Lisístrata en un cubo de basura...*, de

Fran Baena. En cuanto a la segunda, el color se convierte en significante absoluto que trasciende la limitación de lo figurativo, para apelar al difuso y amplio campo de las sensaciones como reservorio de memoria y experiencias. Así se puede entender en *Coloria*, de José A. Hinojos, o en la expansión de espacio y tiempo, una distinta percepción del paisaje convencional, que hace Lola Bonet (*S/T*).

Un año más, la sala de exposiciones de la UJA en la antigua Escuela de Magisterio, en el centro de la ciudad, se convierte de esta manera en un aula de educación en artes plásticas de la mano de este acrisolado certamen de pintura, que bajo el título "Manuel Ángeles Ortiz", recuerda de manera constante al que fuera el gran pintor nacido en Jaén.

Pedro A. Galera Andreu
Universidad de Jaén

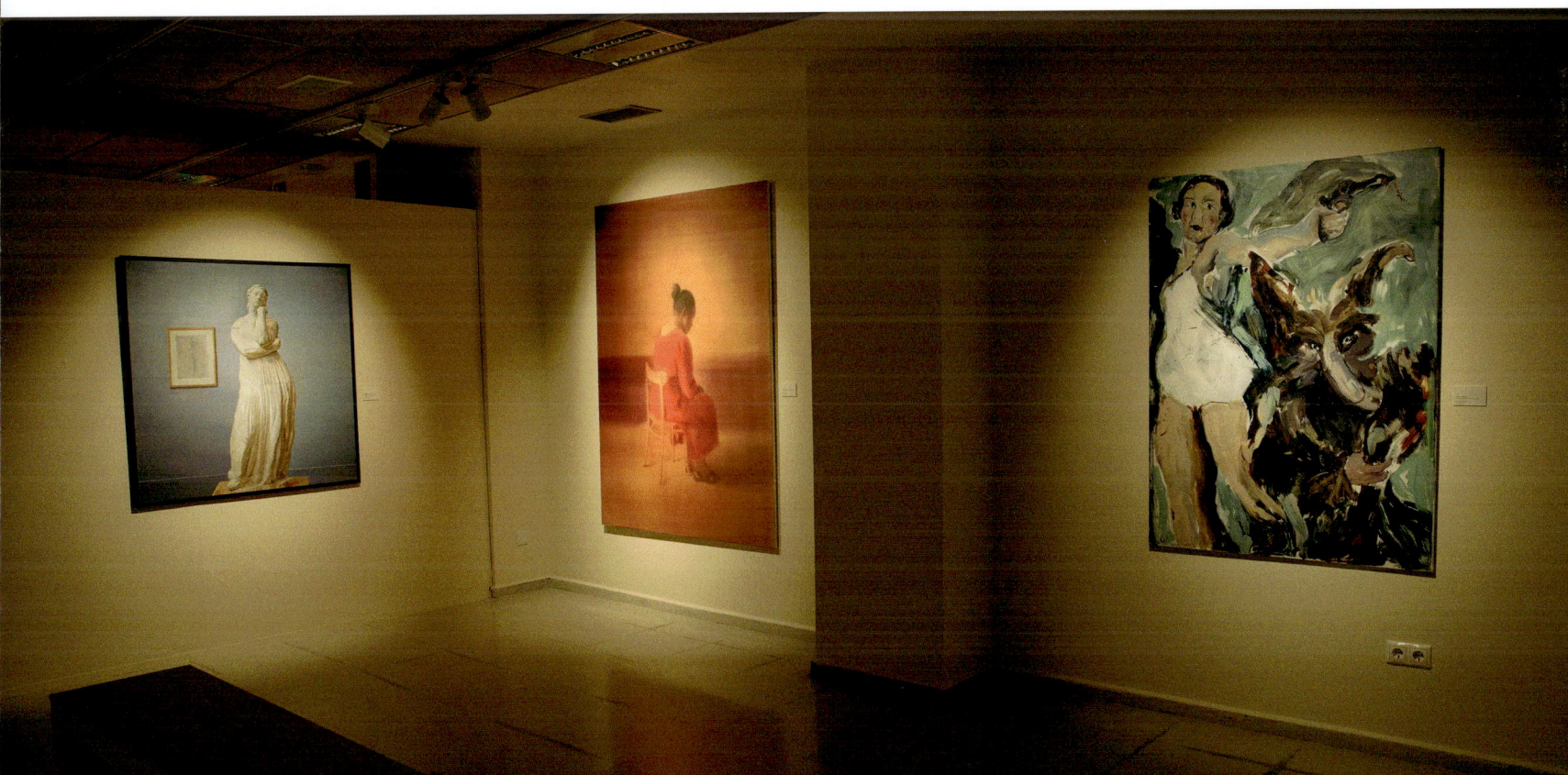

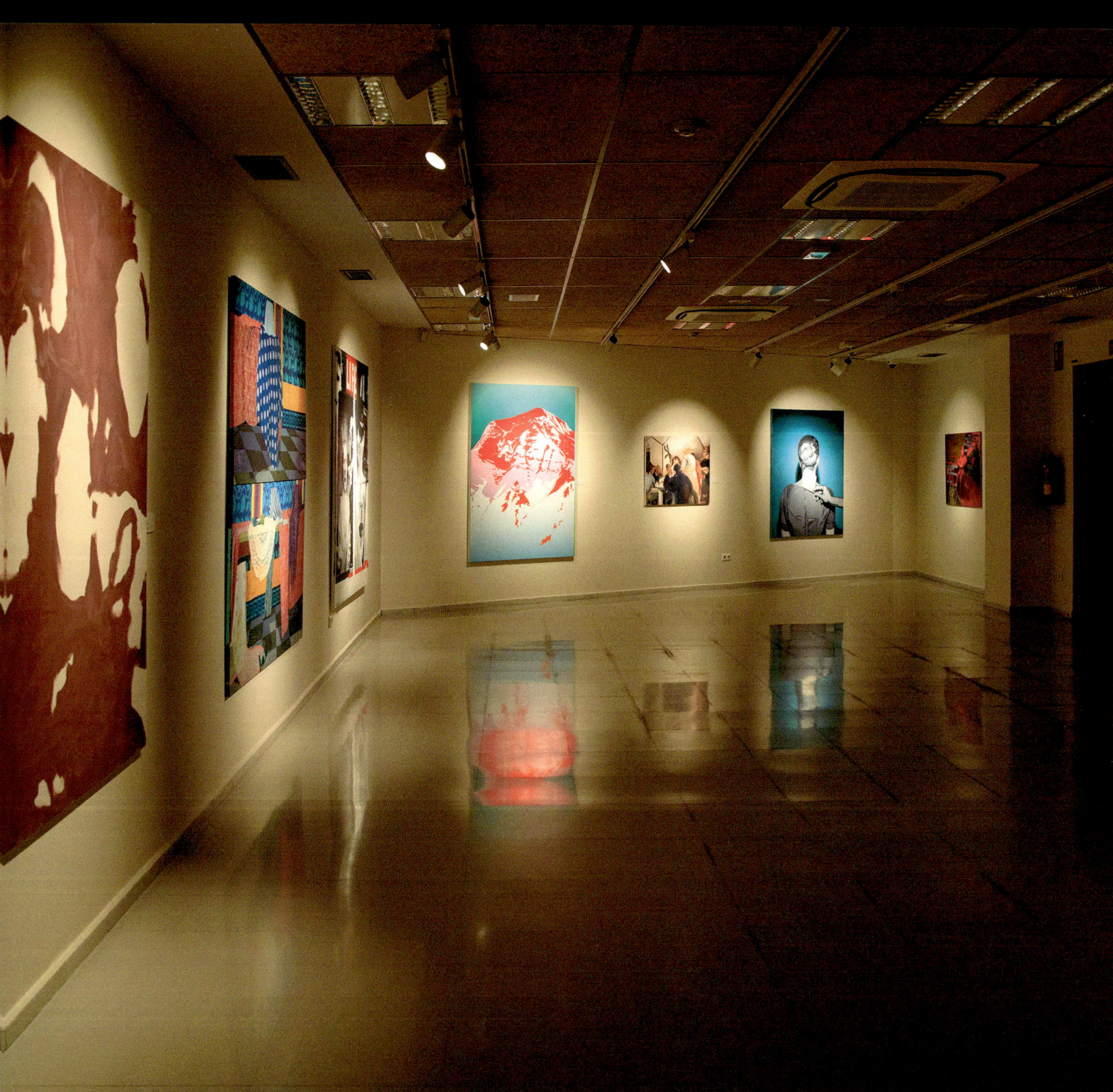

X Premio Internacional de Pintura Manuel Ángeles Ortiz 2025

El *Premio Internacional de Pintura Manuel Ángeles Ortiz 2025*, en su décima edición, se consolida como una de las iniciativas más significativas dentro de las políticas culturales de la Universidad de Jaén. Pocas estrategias resultan tan eficaces para la construcción de una pinacoteca universitaria y de un patrimonio artístico propio como la adquisición sistemática de obras a través de un certamen anual, abierto, democrático y reglamentado. Este modelo no solo permite ampliar los fondos artísticos de la institución, sino que implica una toma de responsabilidad con la memoria cultural universitaria y con la proyección futura de su colección.

La formalización periódica de este concurso genera un relato artístico continuado en el que convergen sensibilidades, lenguajes y miradas diversas. En este espacio singular que representa la Universidad, el arte contemporáneo encuentra un ámbito de legitimación, diálogo y permanencia. El conjunto de piezas premiadas en esta edición configura un auténtico *corpus* pictórico que actúa como testimonio y "fe de vida" del arte comprometido con su tiempo. Convocatoria tras convocatoria, la colección de la Universidad de Jaén se erige en reflejo fidedigno del devenir creativo y de las tendencias que articulan las nuevas generaciones de artistas.

La Universidad, a través de su Rectorado y de los equipos cualificados responsables de la organización del certamen, asume que la creación de un fondo artístico no es un gesto ornamental, sino una acción estratégica con doble vocación. Por un lado, una función pedagógica, mediante exposiciones, publicaciones, catálogos y difusión en medios y redes sociales, que convierte la colección en recurso formativo y herramienta crítica. Por otro, una vocación cultural y científica que implica procesos de catalogación, conservación, investigación, cooperación interinstitucional y generación de conocimiento.

Las obras adquiridas a través del premio ocupan espacios universitarios en los que dialogan con estudiantes, docentes, personal y visitantes. De este modo, el edificio y la colección se transforman en un aula expandida, donde el arte opera como detonante de pensamiento crítico y reflexión colectiva. El contenedor y el contenido establecen una relación dinámica que activa la experiencia estética como experiencia formativa.

El certamen sitúa, además, a la ciudad de Jaén en la geografía artística nacional, fortaleciendo su identidad cultural y proyectando sus valores más allá del ámbito local. La creciente participación de artistas y la calidad de las obras presentadas evidencian que el premio se ha convertido en escaparate del arte emergente y contemporáneo que se produce en España. El fallo del jurado y la posterior exposición actúan como embajadores de criterios curatoriales rigurosos, promoviendo propuestas originales y comprometidas.

La acumulación progresiva de este patrimonio artístico genera un legítimo orgullo en la comunidad universitaria. La colección resultante no solo es sólida y actual, sino que constituye una apuesta de futuro. Cada obra premiada se convierte en testimonio de una época marcada por incertidumbres y transformaciones profundas. Frente a esa complejidad, la Universidad de Jaén reafirma su compromiso con la conservación y ampliación de este legado, preservando la memoria pictórica de una generación de creadores. Muchos de estos artistas y sus obras trascenderán el presente, y en esa proyección reside, en última instancia, la grandeza de las instituciones universitarias.

El primer premio de esta selección, de la artista Teresa Martínez Muñoz, titulado *Exoplaneta*, nos dirige lógicamente, en una primera ojeada, hacia lo cosmológico o hacia arcanos astrológicos. Sin embargo, al acercarnos se produce un efecto hipnótico que nos conduce a una visión celular y orgánica en su geometría. Su ejecución técnica es esencialmente matemática y fractal, como esa música de las estrellas o las geometrías celestes de las cúpulas de las mezquitas de Samarcanda o de Isfahán. Recorrer con el dedo la Cinta de Moebius es similar a recorrer con la mirada este cuadro: el pensamiento se aproxima al concepto de infinito y al *perpetuum mobile*. Es muy importante el montaje de la obra, ya que, al aislar la pieza del resto del soporte, el espacio y el aire se crean de forma real (no están representados). Se trata de un objeto que genera luces y sombras reales, que varían según la iluminación y el espacio en el

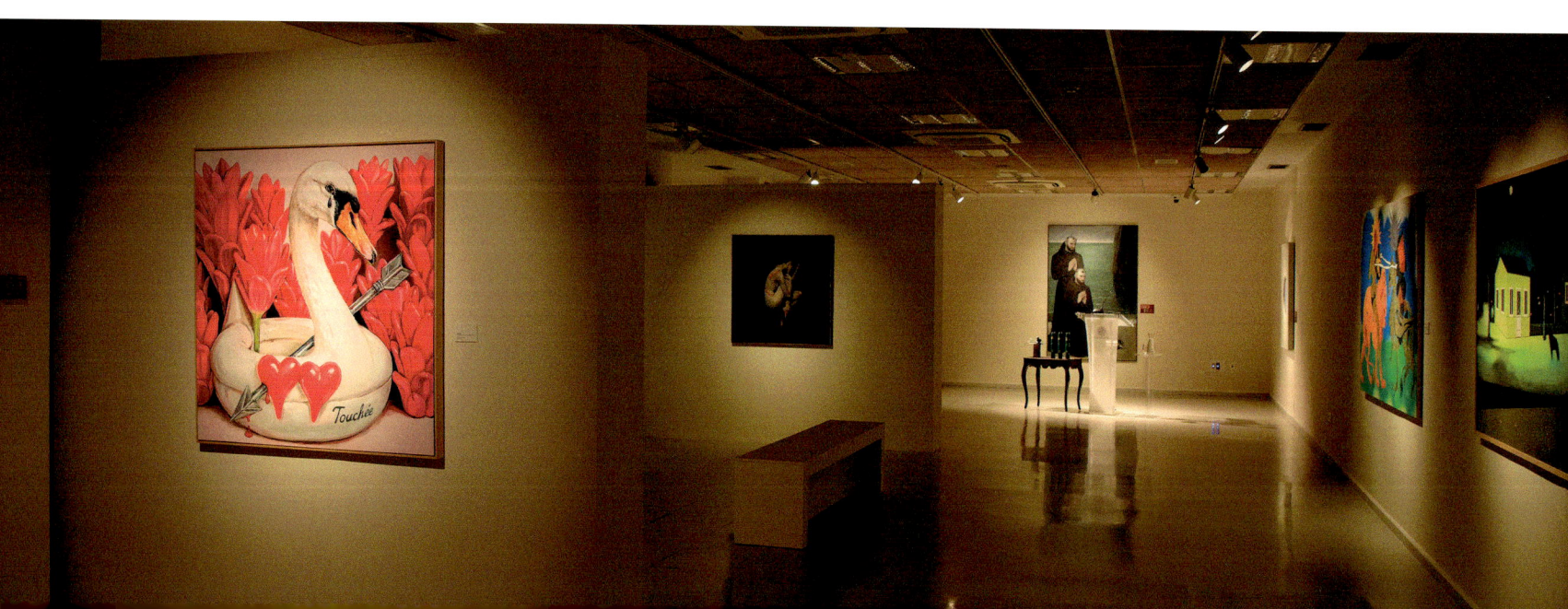

que se encuentra, y que, junto a su precisión pictórica y su aurea matemática, la convierten en una obra única.

El segundo premio, José Antonio Domínguez Jiménez, con el título *Surgen nuevos significados*, nos sorprende en un primer momento por el tema, que ha sido uno de los paradigmas medievales más elocuentes y gráficos de la teología, especialmente en San Agustín, quien intentó armonizar fe y razón. En este cuadro, de factura realista, se representan dos figuras ante un fondo marino con un acantilado tan vertical como los propios protagonistas. El niño que juega con el cubo se transforma en una esfera armilar, con sus círculos orbitales y unas amenazantes púas que evocan el precipicio del acantilado del fondo, como si se tratara de intentar resolver el misterio de la Santísima Trinidad que San Agustín quiso desentrañar. Esta visión está sólidamente anclada en un conocimiento sentimental y documentado de la "puesta en escena" y la teatralidad del Barroco y, en el caso del autor, en el exuberante y bellísimo barroco sevillano. El cuadro es heredero de la paleta de Francisco Herrera el Viejo, cuyo taller imprimió una gama de pardos, grises cenizos, tierras, carmín y azul esmalte que otorgó un aura de solemnidad a las obras de Sánchez Cotán, Zurbarán, Alonso Cano, Velázquez y Murillo. La composición y el color contribuyen a generar ese efecto melancólico y cosmológico, potenciado por los gestos de profunda emoción ante lo revelado.

El tercer premio, Miguel García Cobo, presenta su obra titulada *Always Look on the Bright Side of Life* (Siempre mira el lado positivo de la vida). El realismo contemporáneo ya no se nutre exclusivamente del paisaje urbano o campestre, ni de interiores y bodegones vinculados a la naturaleza social del hombre. La nueva realidad se alimenta de un mundo en el que lo onírico y el deseo se superponen a lo real; se deja influir por el cine, las series B, el cómic, el manga, los fanzines y los trasteros de los ya desaparecidos videoclubes. Es una estética suburbana, con moralidad y

códigos propios de arrabales y barrios periféricos, donde se construye una poética de "no lugares" (Marc Augé): paisajes atemporales, genéricos, sin localización geográfica definida y con una fealdad universal, independiente de ciudades, países o regímenes políticos. Desde esta conciencia contemplamos un "no lugar": una autopista anodina y nocturna, desangelada, con una perspectiva central en la que surge una aparición espectral de color verde radiactivo, fluorescente como las señales de tráfico. Este perro se convierte en una señal más, pero también en símbolo de vulnerabilidad y denuncia del peligro del atropello y del abandono, mientras suena la música del automóvil. La luz del cuadro construye el cromatismo de lo siniestro y de la soledad urbana (Hopper, Hockney), evocando también la novela *En el camino*, de Jack Kerouac. Este contraste absoluto entre la oscuridad y la luminosidad tóxica conduce a una reflexión donde la belleza surge como resultado de una sacudida ética.

Jesús Conde Ayala

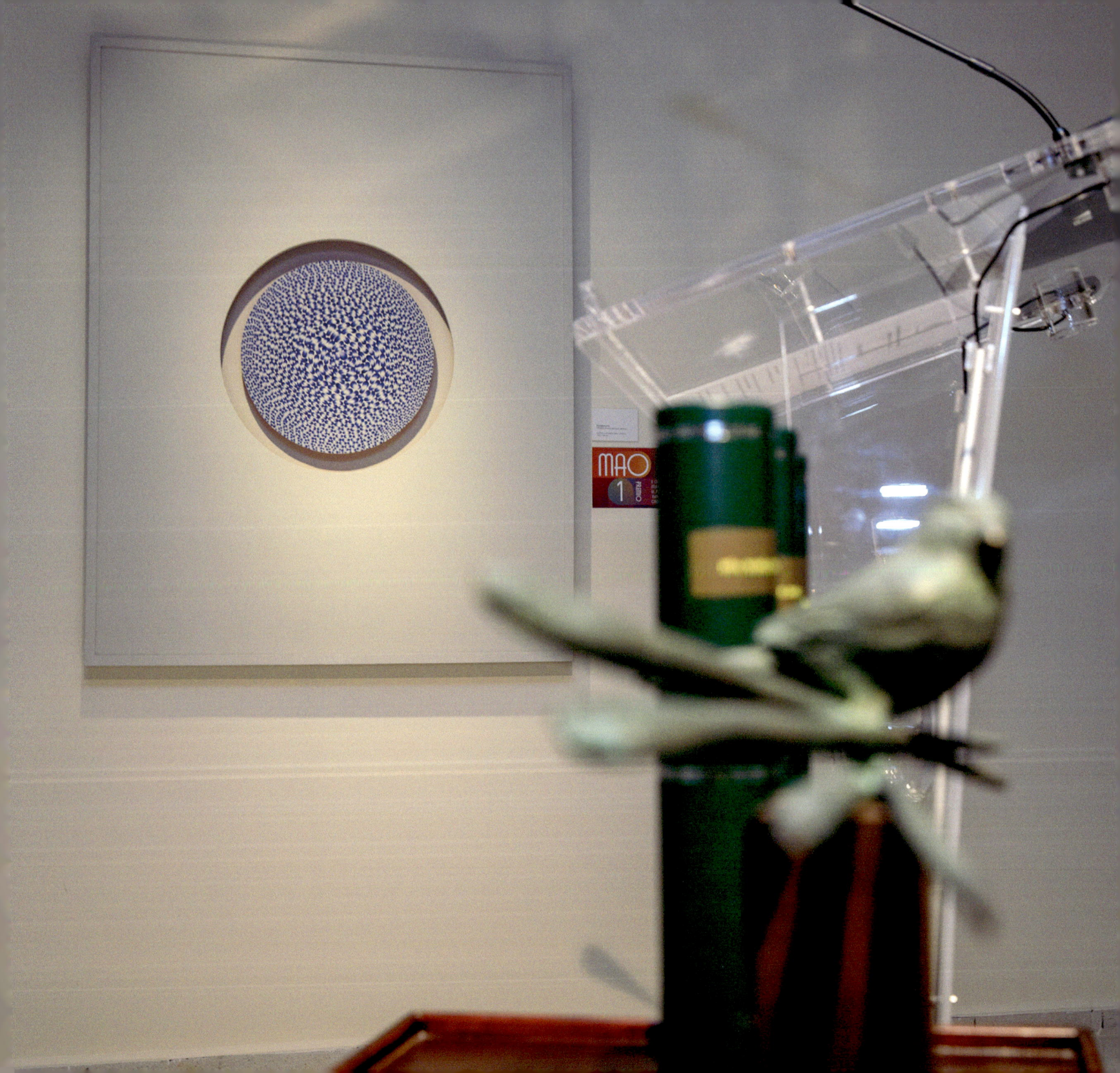

Como estamos en 2026, no hace falta citar a Clement Greenberg para constatar que la pervivencia y la persistencia de la pintura, así como su resistencia a ser muerta y enterrada, es quizá uno de los signos más destacables del arte contemporáneo en lo que llevamos de siglo. No podía ser de otra manera que en una tierra con la grandísima tradición pictórica que tiene Jaén, la pintura más actual goce de una extraordinaria salud, no solo con artistas consagrados, sino también con los artistas participantes en el Premio Manuel Ángeles Ortiz, algunos de ellos extraordinariamente jóvenes. Las magníficas obras ganadoras de Teresa Martínez y José Antonio Domínguez Jiménez nos muestran variedad en las formas y en los conceptos, que van desde una representación pictórica concepto del infinito y los ciclos naturales en una obra que juega brillantemente con la tridimensionalidad a una interpretación de una leyenda atribuida a San Agustín de Hipona. Pero las seleccionadas no les van a la zaga: artistas tan extraordinarios como Fran Baena o Julio Sarramián, pasando por Paula Lisbona y el resto de participantes, son de una riqueza en planteamientos y ejecución verdaderamente fascinante. No queda más que aplaudir que una tierra como la nuestra siga siendo un foco y una referencia nacional (e internacional, claro que sí) para la mejor pintura. Y que convocatorias como esta lo sigan demostrando año tras año.

Juan Francisco Casas

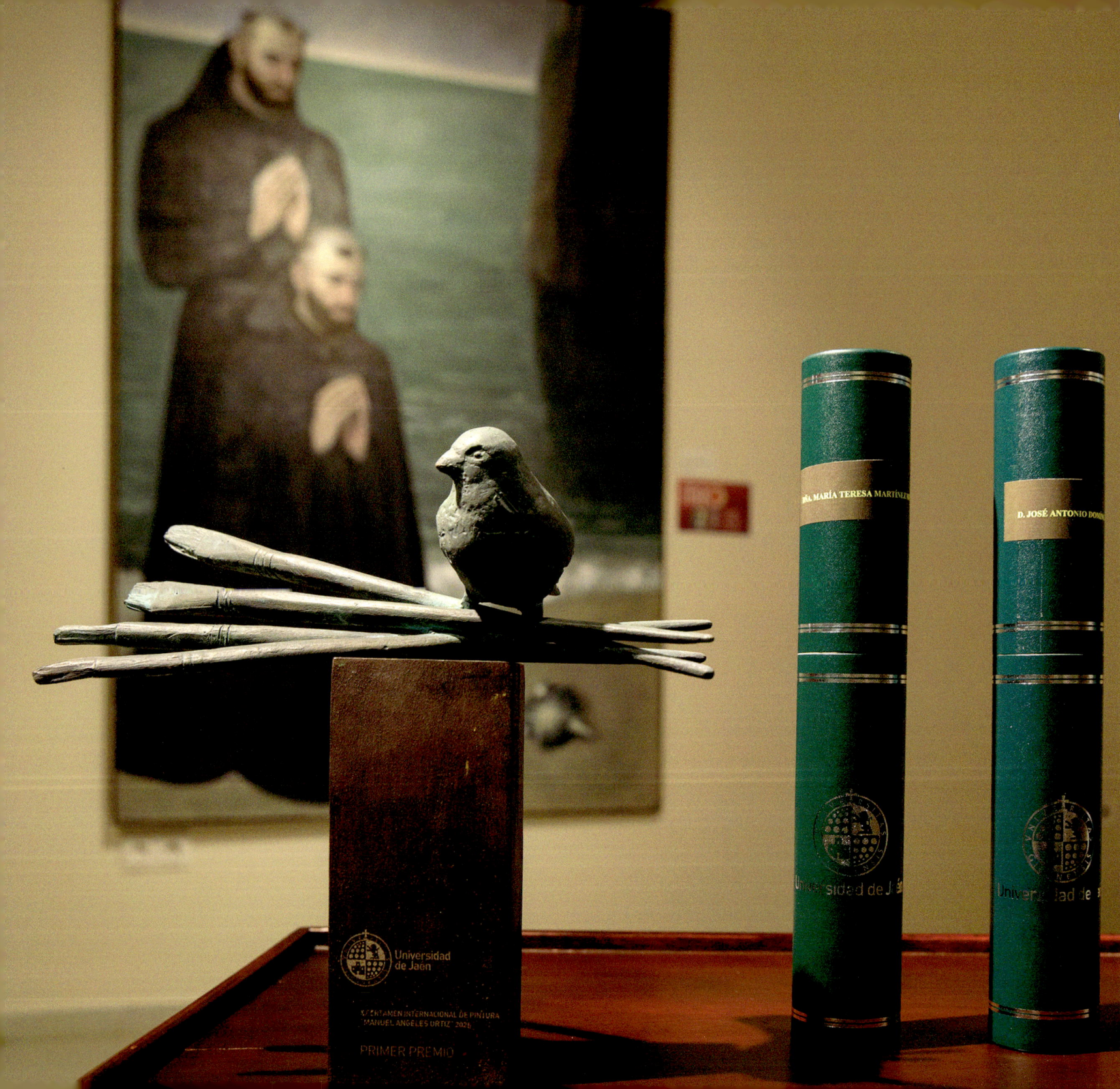

HABLEMOS DE PINTURA

¡A pesar de los malos tiempos, hablaremos de pintura!

HONORÉ DE BALZAC
La obra de arte desconocida

El pintor da por acabado un trabajo sin saber exactamente porqué. Quizás no hay un porqué. Intuye que no debe seguir y se detiene. Es una intuición: a veces acertamos y otras —la mayoría— no. Y cuando se da por concluido un trabajo, la pintura sigue madurando y acabándose en el taller y, en última instancia, en el lugar donde se muestra.

Hay muchos lugares destinados a la exposición de la pintura, pero existen también espacios propicios para la conversación con la pintura y sobre ella. Y es ahí donde la pintura empieza a ser y acaba siendo: cuando se encuentra con otros cuadros, con otros pintores y con personas que la quieren escuchar.

Esto sucede de forma extraordinaria cada año en la Sala de Exposiciones de la Universidad de Jaén (UJA). Este espacio fecundo recibe trabajos de toda España —y más allá— con motivo del *Certamen Internacional de Pintura Manuel Ángeles Ortiz*, que este año cumple una década.

Cada obra viene de un taller y, quizá, hasta ese momento solo ha tenido confidencias con su artífice. Ambos han conversado y, probablemente, también han discutido. El pintor ha hecho y deshecho, ha construido y ha destruido; se ha impuesto y ha sabido escuchar a la materia. Ha llevado las riendas del trabajo y, en algunas sesiones, se ha rendido y ha dejado que sea la pintura la que haga el camino: ha cedido.

Es en este pulso, en esta tensión, en esta conversación donde surge —casi como un milagro de vida— la pintura.

Se trata de un proceso de idas y venidas en el que nos reconocemos los pintores y los creadores de cualquier disciplina artística, y también los investigadores, porque la búsqueda del pintor no es sino un trabajo de investigación: lo único que cambia de unos a otros es el medio y la materia.

Pero cuando el cuadro sale del estudio y se expone, la intimidad se acaba o se concreta de otra forma. Se rompe el silencio y la pintura debe hablar a más personas, con otro tono, con otro timbre y con otra determinación.

En un certamen de pintura, el primer debate, discusión o diálogo sucede en silencio, cuando los miembros del jurado miramos los trabajos uno a uno: los miramos y los escuchamos. Ambas cosas son importantes e imprescindibles. Mirar un cuadro y escucharlo. Dejar que la pintura diga, dejar que la materia se exprese sin precipitar conclusiones. Escuchamos cómo los cuadros hablan entre ellos, qué se dicen y qué nos dicen.

El momento cumbre sucede cuando la pintura nos pone en conversación a nosotros. Los trabajos que tenemos delante nos invitan a dialogar con ellos, sobre ellos y entre nosotros. Y esto es crucial. Porque si la pintura genera diálogo, ahí está sucediendo algo: la pintura ha madurado y termina de ser. Insisto: si la pintura nos pone a conversar, si hilvana nuestro diálogo, todo cobra sentido.

¿Hay algo más noble y necesario que un diálogo bien hilvanado? ¿Hay un lugar más adecuado para ello que la Universidad?

Bendita pintura si consigue esto. Y bendito certamen de pintura de la UJA que persevera y no se rinde.

Un certamen, una exposición de pintura y un catálogo colectivo son un elogio a la conversación, a la discusión bien entendida, a la escucha. Significa compartir una propuesta y atender a la idea de otro; enseñar lo mío y ver qué hacen los demás. Es creer —de verdad— que la conversación nos enriquece a todos y nos hacemos mejores personas.

Gracias, pintores, por acudir a la convocatoria de este premio y por traer vuestros trabajos para que fragüe el diálogo.

Enhorabuena, pintores premiados.

TTINEZ (Primer Premio), nos propone una reflexión visual sobre el infinito y los ciclos de la materia. A través de la repetición, construye una estructura poética envuelta en una atmósfera cromática sugerente y casi imperceptible, pero presente.

Pepe Domínguez (Segundo Premio), utiliza una leyenda atribuida a San Agustín de Hipona para hablarnos de los límites del conocimiento y de la imposibilidad de abarcar lo absoluto desde la razón humana. Mediante una imagen cargada de resonancias simbólicas, traslada al lenguaje pictórico la tensión entre el deseo de comprensión y la aceptación de lo inabarcable.

Miguel García (Tercer Premio), construye una alegoría de la soledad del artista como figura desplazada de los ritmos y estereotipos del entorno social contemporáneo. La obra presenta a un sujeto que observa y habita la realidad desde un prisma distinto, enfrentado a un mundo (quizás) incomprensible.

Pintores seleccionados —Adam Velázquez, Ana Pavón Porras, Antonio Montalvo, Cristina Toledo, Fran Baena, Josep Tornero, Perrisco, Julio Sarramián, Lola Bonet i Palop, Luis Miguel Rubio, María José Vela, María Luisa Benítez, Paula Lisbona, Rubén Gimeno y José Antonio Hinojos—, enhorabuena. Vosotros sois los cimientos de esta conversación rica y plural.

Y, además, hay otro premio que ganamos todos: que hablemos de pintura.

Lourdes Castro Cerón

PINTAR TODAVÍA. PINTAR AHORA

¿Por qué seguimos pintando cuando la imagen corre más rápido que nuestra mirada, cuando todo se desliza en pantallas y *feeds* infinitos? Quizá porque la pintura no es un gesto anacrónico, sino una forma de pensamiento que se resiste al ritmo vertiginoso del presente. No persiste por nostalgia ni por hábito: persiste por necesidad. La pintura es todavía el lugar donde la experiencia recupera una escala humana, donde el tiempo se desacelera hasta volverse respirable, y donde la materia abre un espacio para la contemplación y para la duda. Pintar —a contracorriente del vértigo contemporáneo— es un acto íntimo de resistencia.

En esta X edición del Certamen Internacional de Pintura Manuel Ángeles Ortiz, ese acto se muestra en su forma más lúcida: plural, reflexiva y profundamente viva. La pintura aquí no compite con lo digital: dialoga con él, se tensa en sus límites y se reinventa. La figuración se vuelve crítica y simbólica; los cuerpos se revelan vulnerables y complejos; las identidades se matizan; el paisaje se expande y se fragmenta; el color se torna memoria;

y la materia se convierte en experiencia. Cada superficie es un campo de pensamiento y, al mismo tiempo, un territorio emocional.

Los artistas premiados encarnan con claridad esta tensión fértil: Teresa Martínez Muñoz construye abstracciones cósmicas y rítmicas donde memoria, repetición y ciclo vital se entrelazan; José Antonio Domínguez despliega una figuración simbólica que mira hacia lo espiritual y lo mitológico para actualizarlo en el presente; y Miguel García Cobo articula un simbolismo contemporáneo que recorre soledad, resiliencia y la fricción entre lo íntimo y lo común. Tres aproximaciones distintas que, juntas, fijan una lectura amplia y exigente de la pintura actual.

El Premio Internacional de Pintura Manuel Ángeles Ortiz funciona así como un termómetro del pulso pictórico español contemporáneo. Un espacio donde conviven generaciones, lenguajes y genealogías sin jerarquías cerradas, demostrando que la pintura sigue siendo un territorio permeable a la memoria, al mito, al cuerpo, al paisaje y a la emoción. Pintar hoy no significa insistir en el pasado: significa formular preguntas desde la materia y desde la imagen, asumir que incluso en la era de la reproducción total el gesto pictórico continúa siendo uno de los actos más radicales y más necesarios del arte.

En un contexto donde la imagen se multiplica sin pausa, pintar hoy es seguir eligiendo la materialidad como un modo de pensar el mundo. Este certamen, más que un premio, es un espacio donde la pintura reafirma su pertinencia cultural, su capacidad para generar pensamiento y su vigencia en el debate contemporáneo. Mirar estas obras es comprobar que la pintura, lejos de agotarse, sigue expandiendo territorios y formulando preguntas necesarias.

Teresa Arroyo de la Cruz

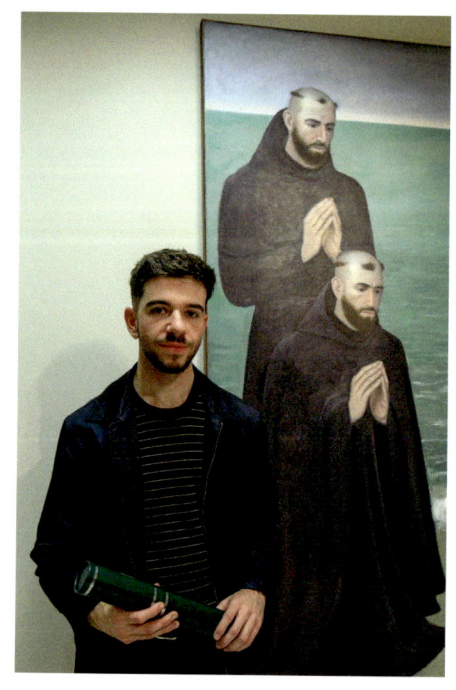

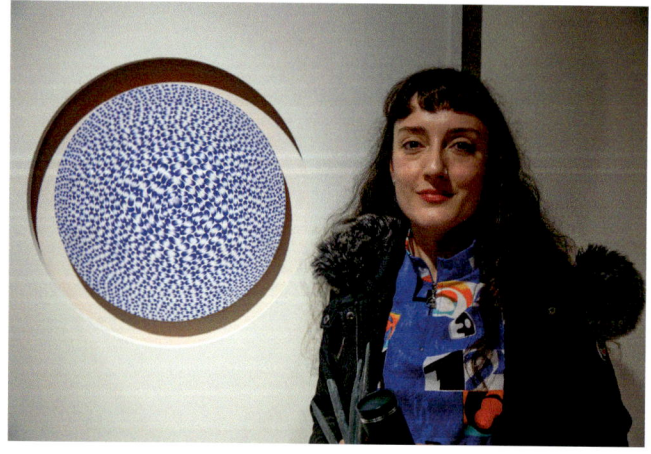

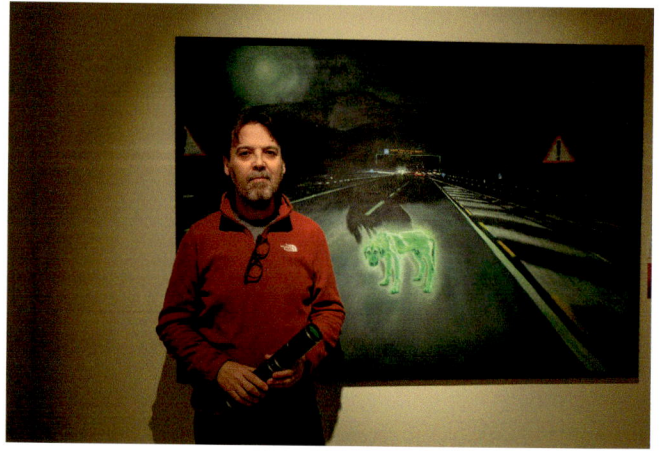

CATÁLOGO DE OBRAS

PRIMER PREMIO

Exoplaneta

TTINEZ (Teresa Martínez Muñoz)

Acrílico y rotulador sobre madera

120 x 100 cm

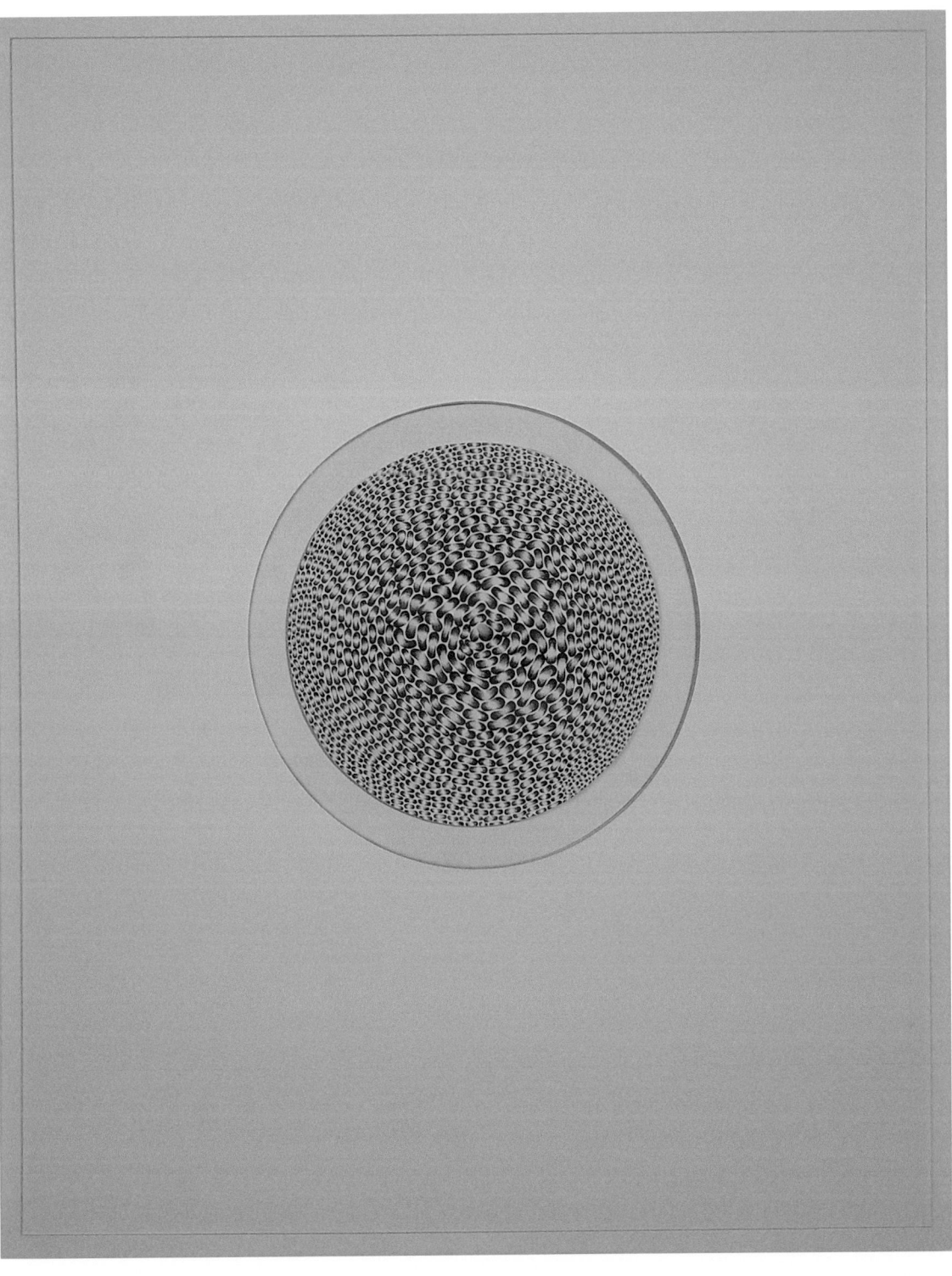

Segundo premio

Surgen nuevos significados

Pepe Domínguez (José Antonio Domíguez Jiménez)

Óleo sobre lienzo

195 x 130 cm

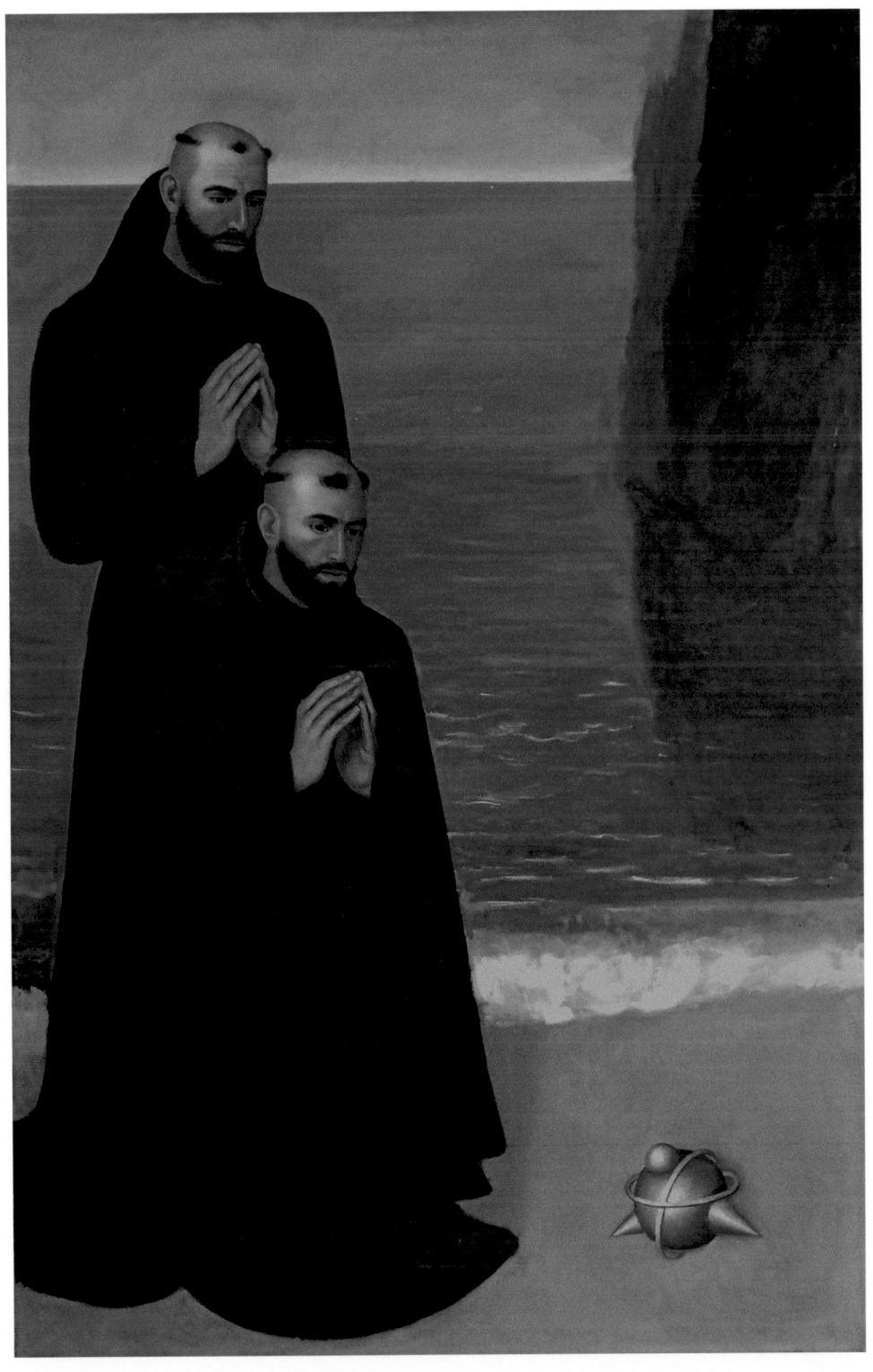

Tercer premio

Always look on the bright side of life

Miguel García (Miguel García Cobo)

Óleo sobre lino

114 x 162 cm

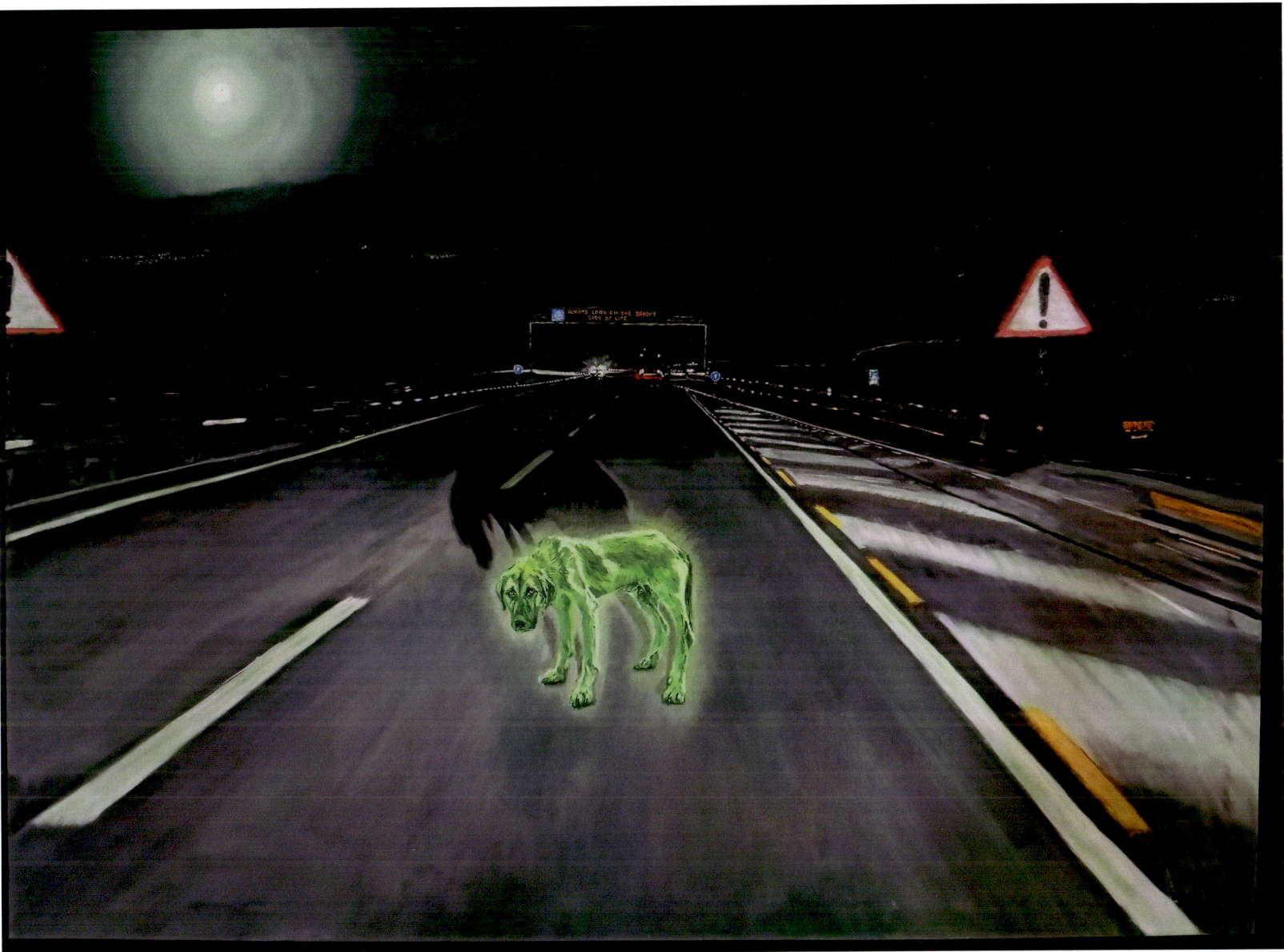

Sin título

Lola Bonet y Palop

Acrílico sobre loneta cruda de algodón en bastidor de madera

195 x 130 cm

Los Misterios del Gineceo. Estancia III
Ana Pavón Porras
Óleo sobre lienzo
200 x 195 cm

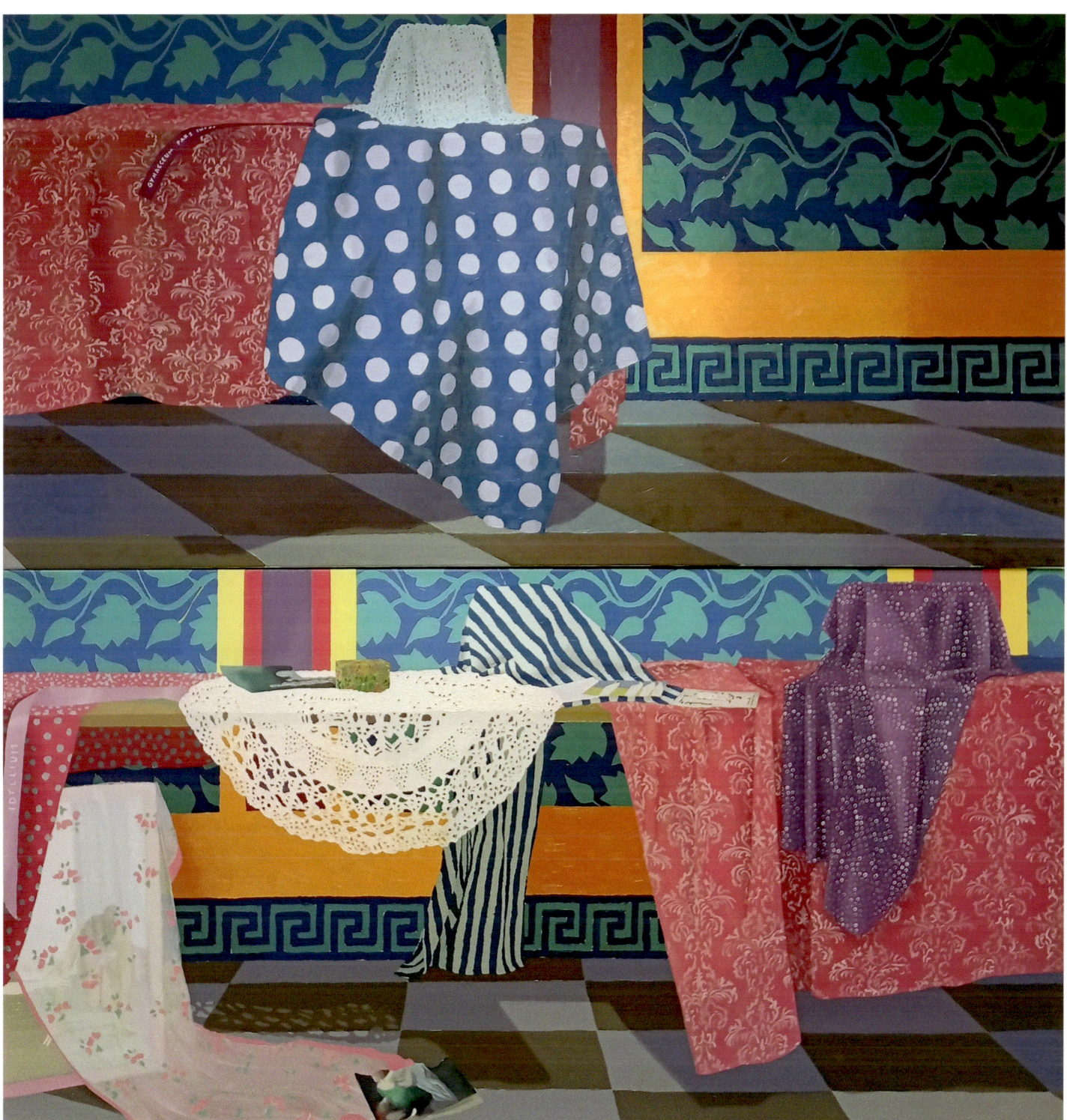

Loba Negra

María Luisa Beneytez (María Luisa Beneytez Maesa)

Acrílico sobre lienzo

113 x 146 cm

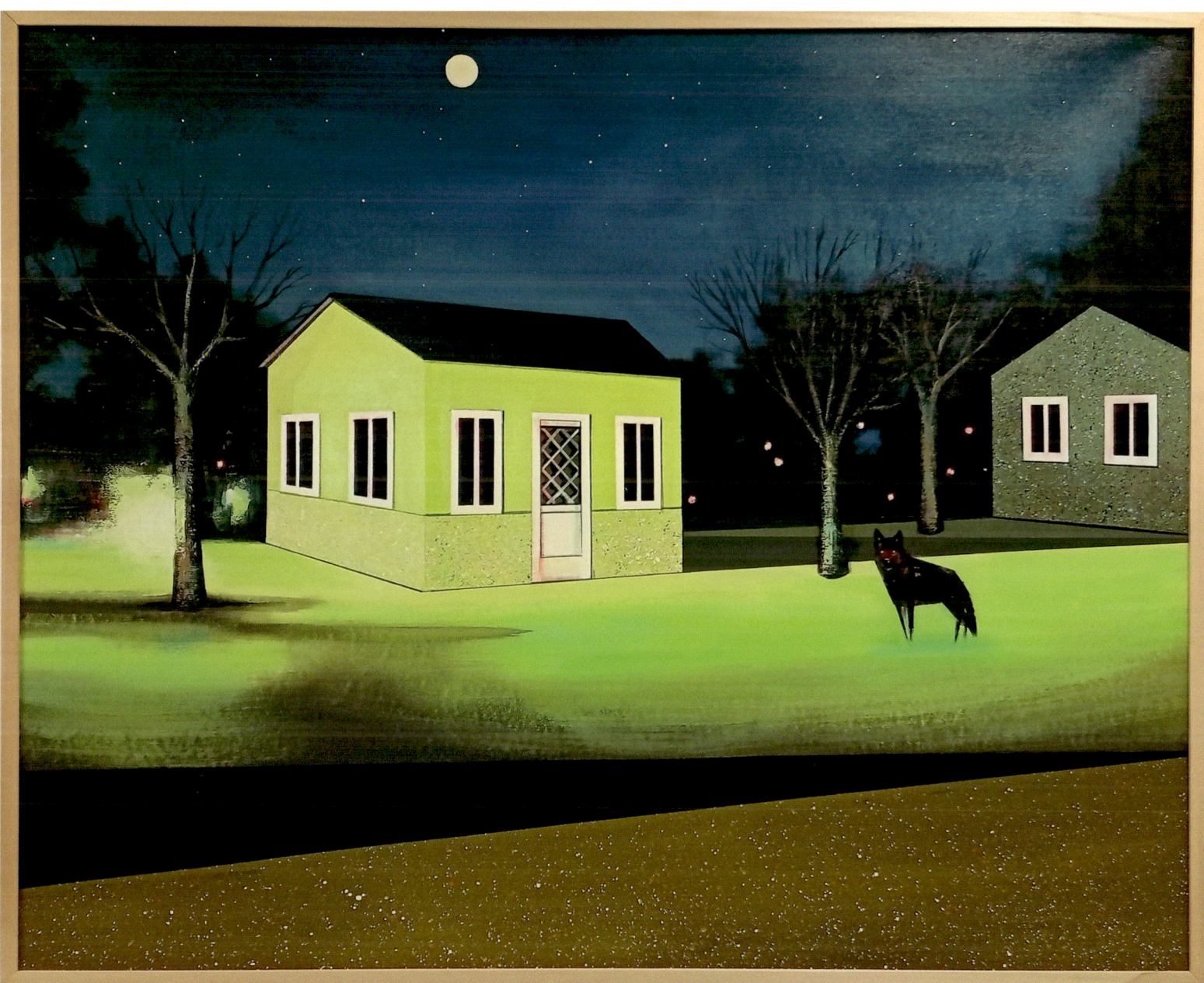

Penélope

Luis Miguel Rubio (Luis Miguel Rubio González)

Óleo sobre madera

122 x 122 cm

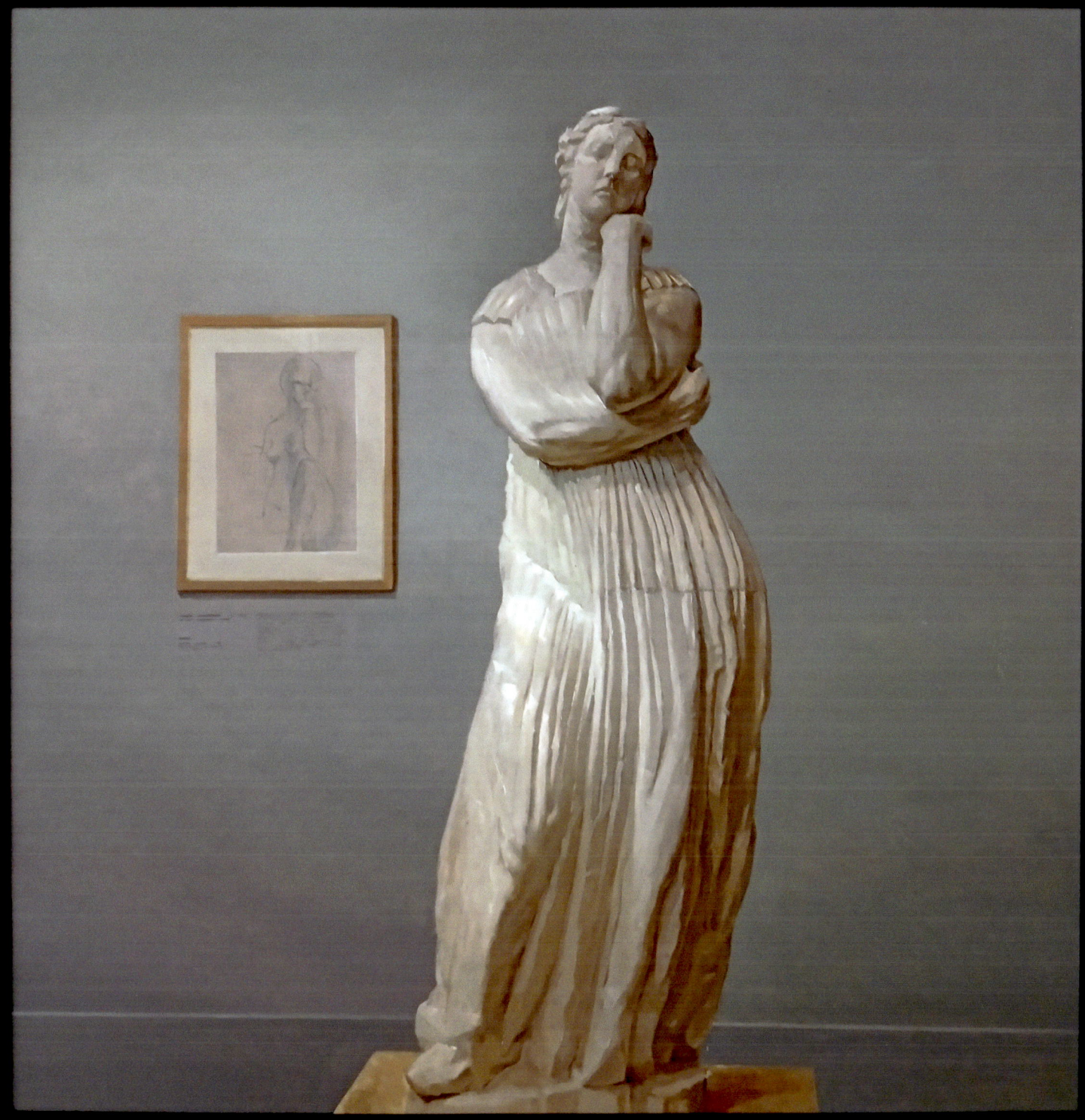

Anatomía de la Resilencia

PERRISCO (Juan Manuel Fraga Rodríguez)

Óleo sobre lienzo - pan de oro

100 x 100 cm

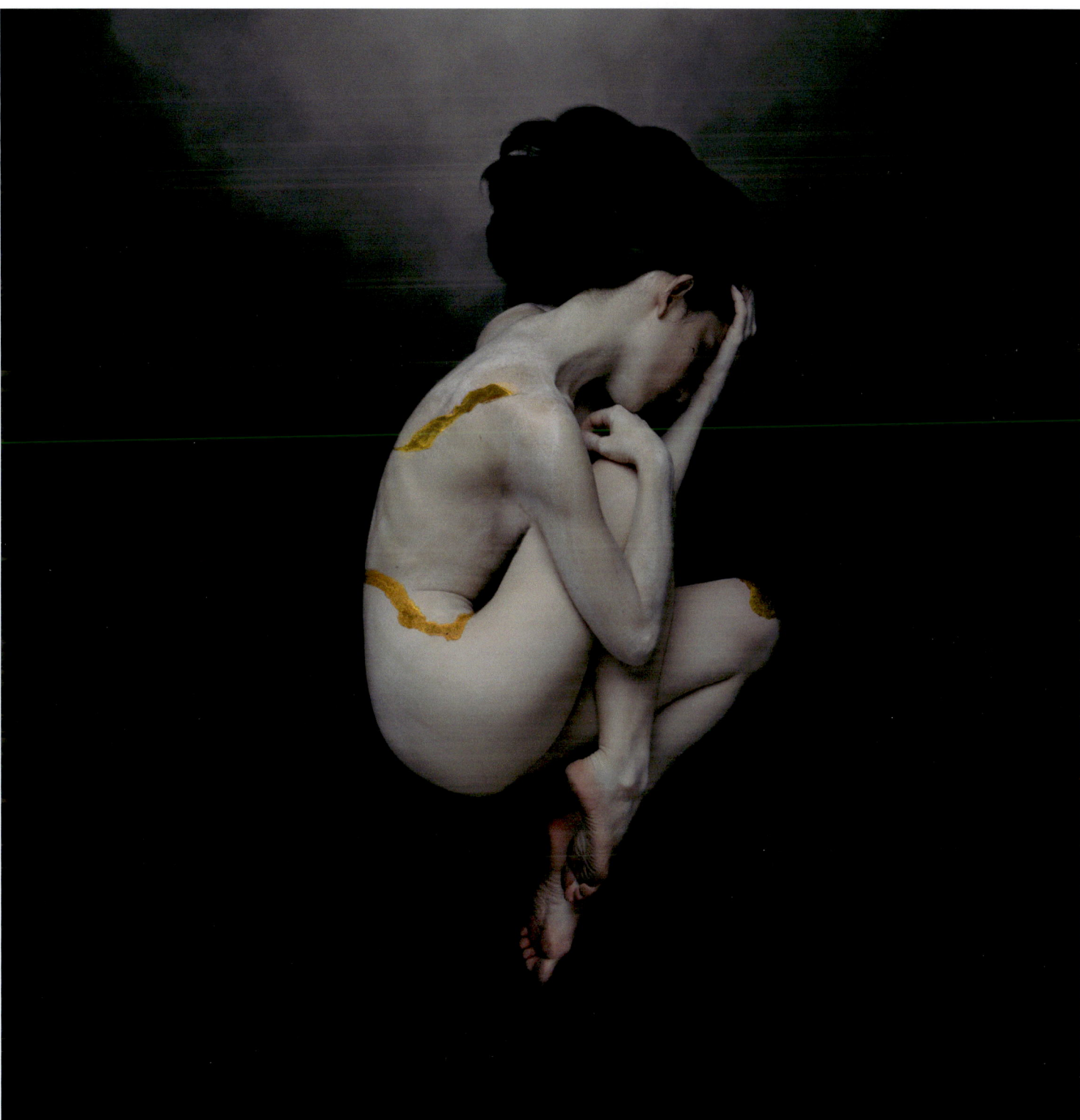

Lisístrata en un cubo de basura junto a los excrementos del gato

Fran Baena (Fran Baena Torres)

Óleo y spray sobre lienzo

130 x 195 cm

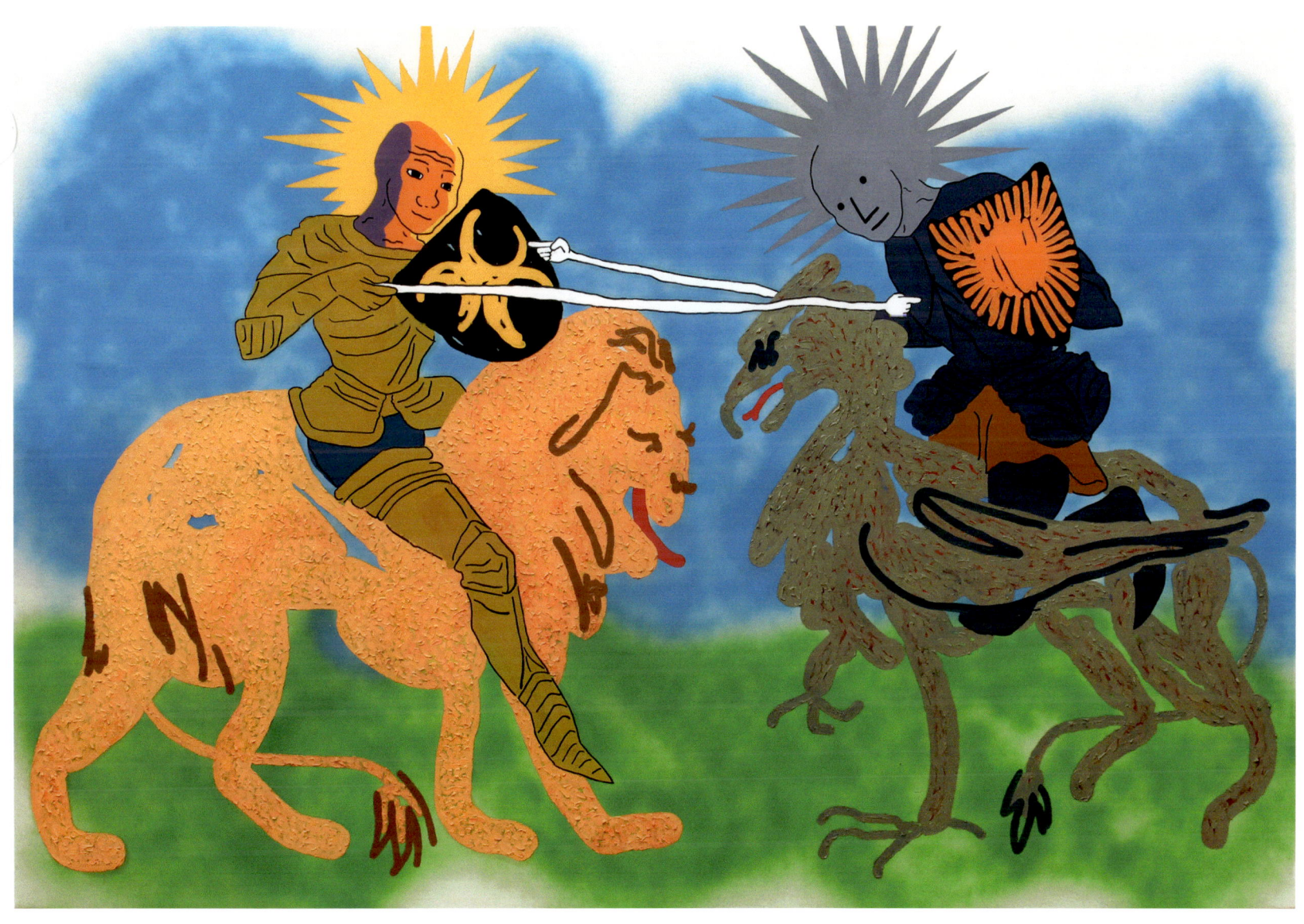

Toucheé

María José Vela (María José Vela García)

Acrílico sobre lienzo

120 x *120 cm*

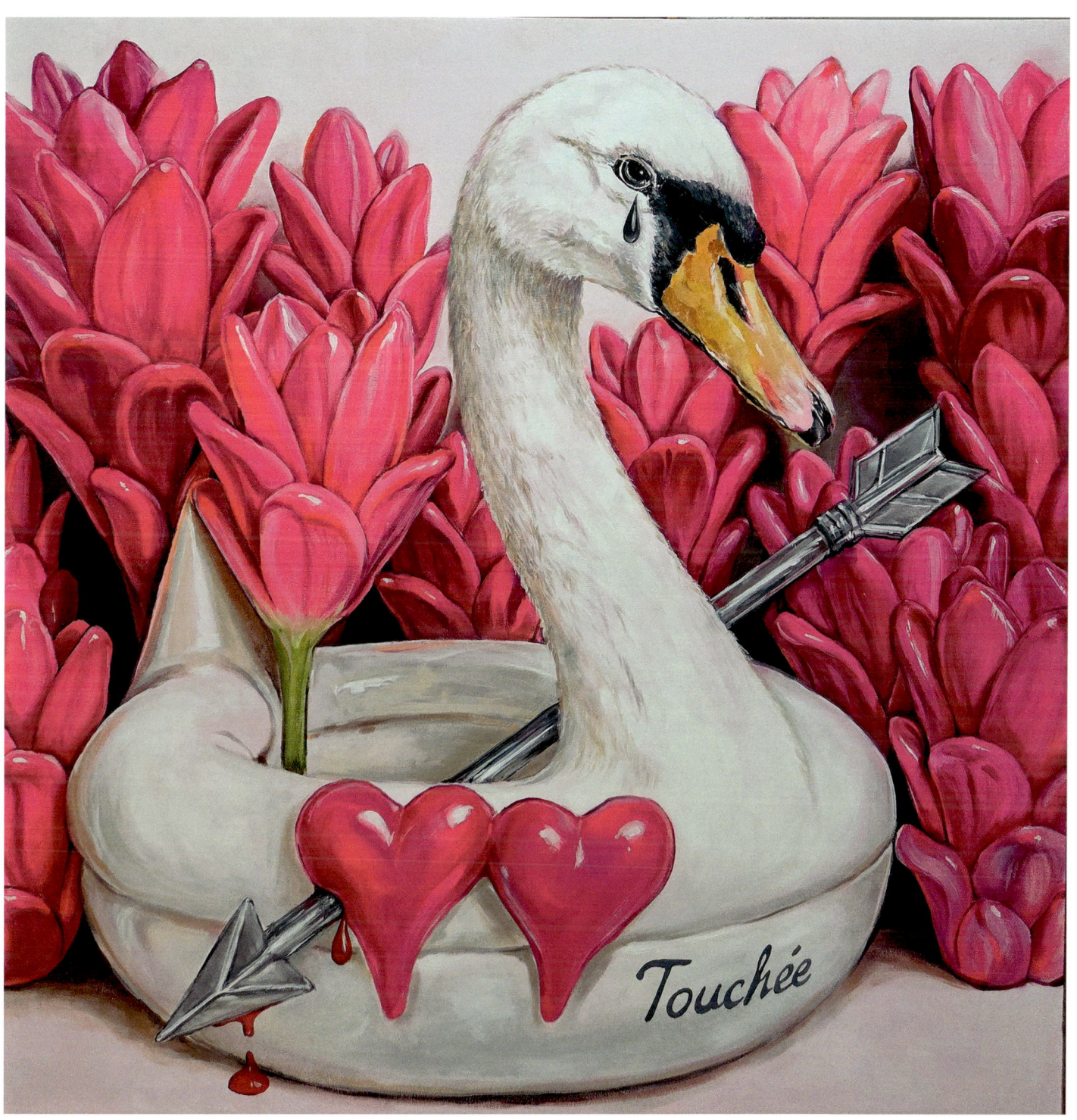

You are sleeping
Adam Velázquez (Adam Velázquez Conejero)
Acrílico y tela de lino sobre lienzo
89 x 116 cm

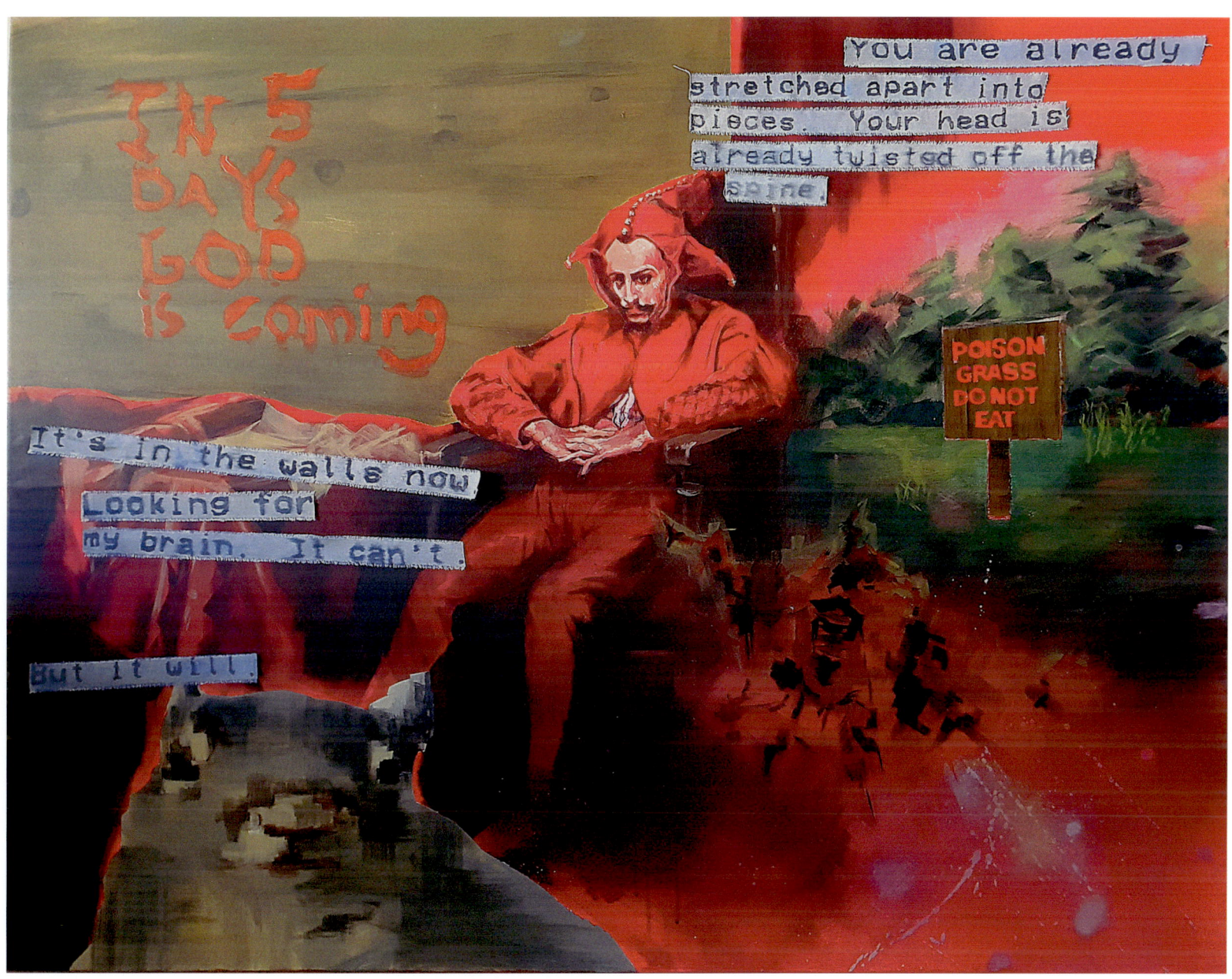

Sylvie sentada

Antonio Montalvo (Antonio Montalvo Martín)

Tinta sobre lienzo

195 x 146 cm

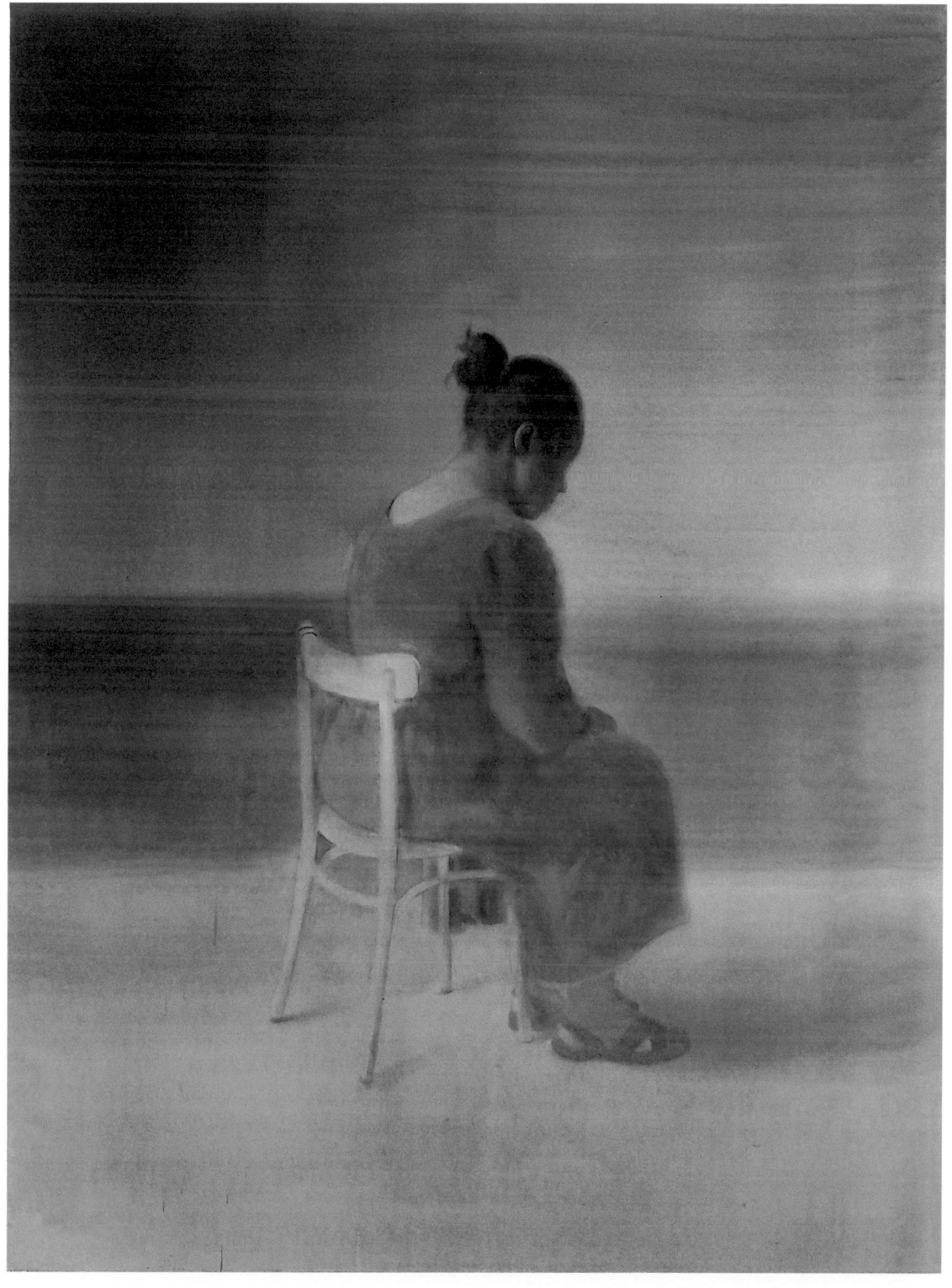

Eve
Cristina Toledo (Cristina Toledo Bravo de Laguna)
Óleo/lienzo
162 x 130 cm

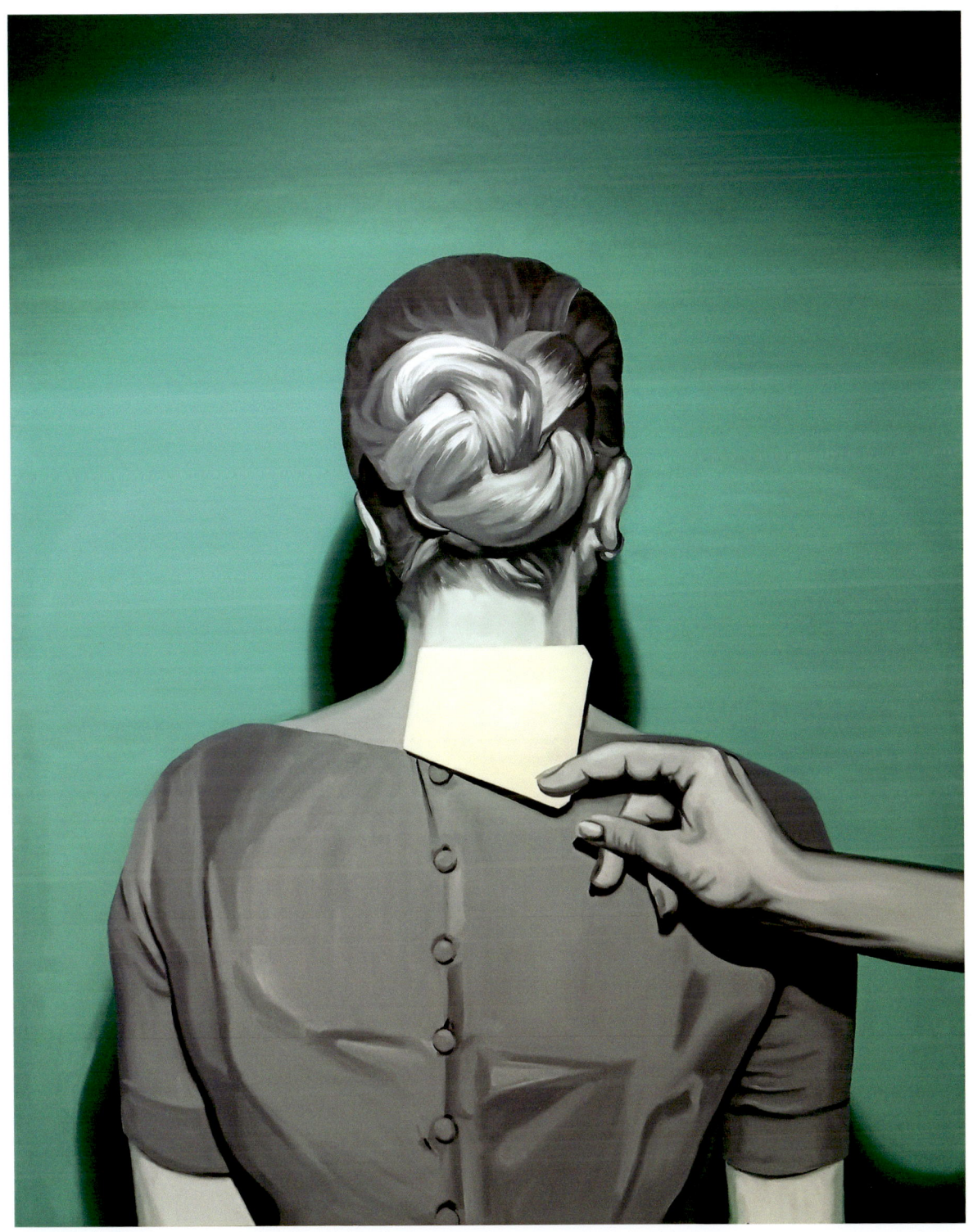

La Rota

Rubén Gimeno (Rubén Gimeno Giner)

Óleo sobre tabla con bastidor

81 x 100 cm

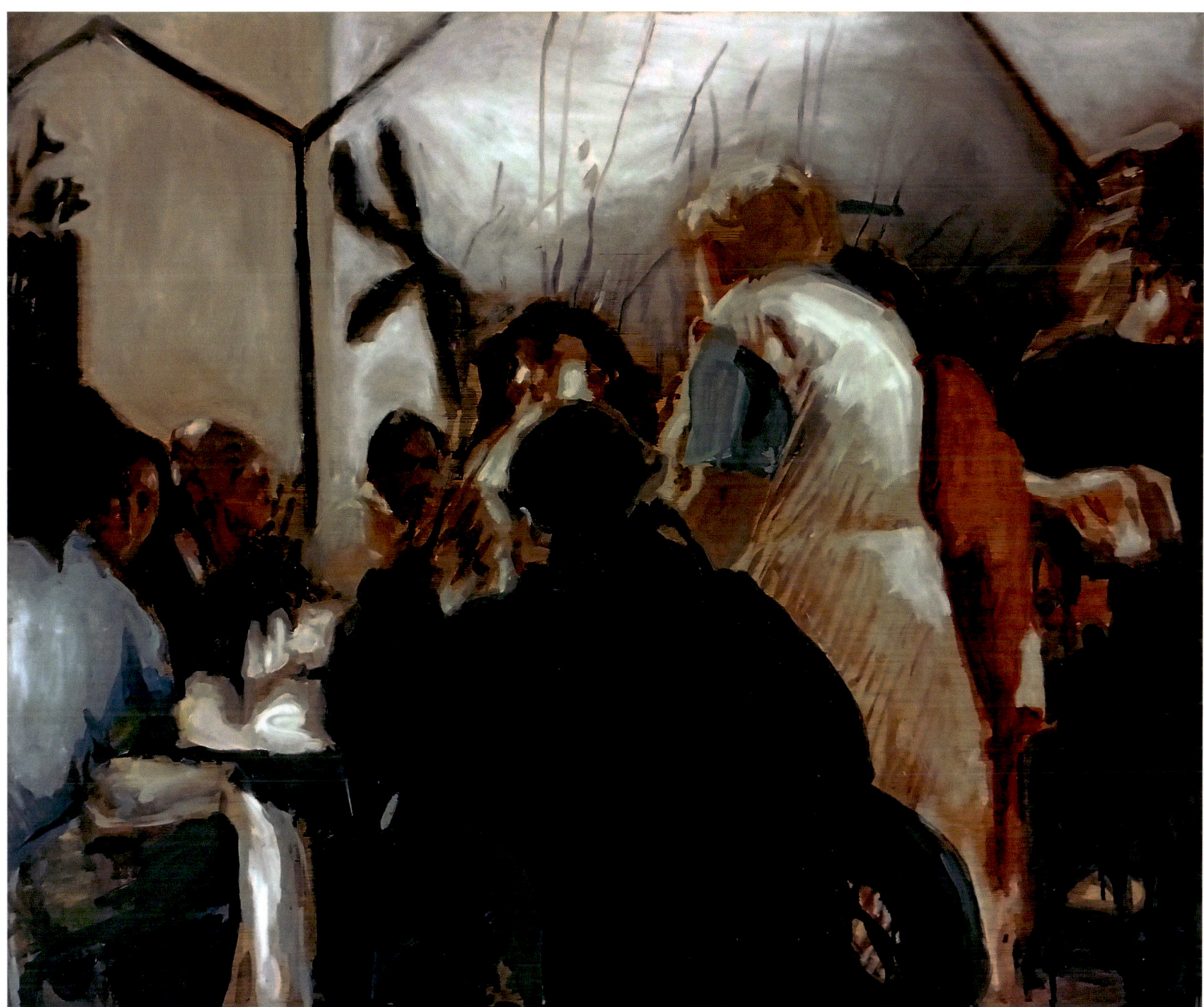

Glitchland 3/04

Julio Sarramián (Julio Sarramián Bernal)

Óleo sobre lino

190 x 140 cmm

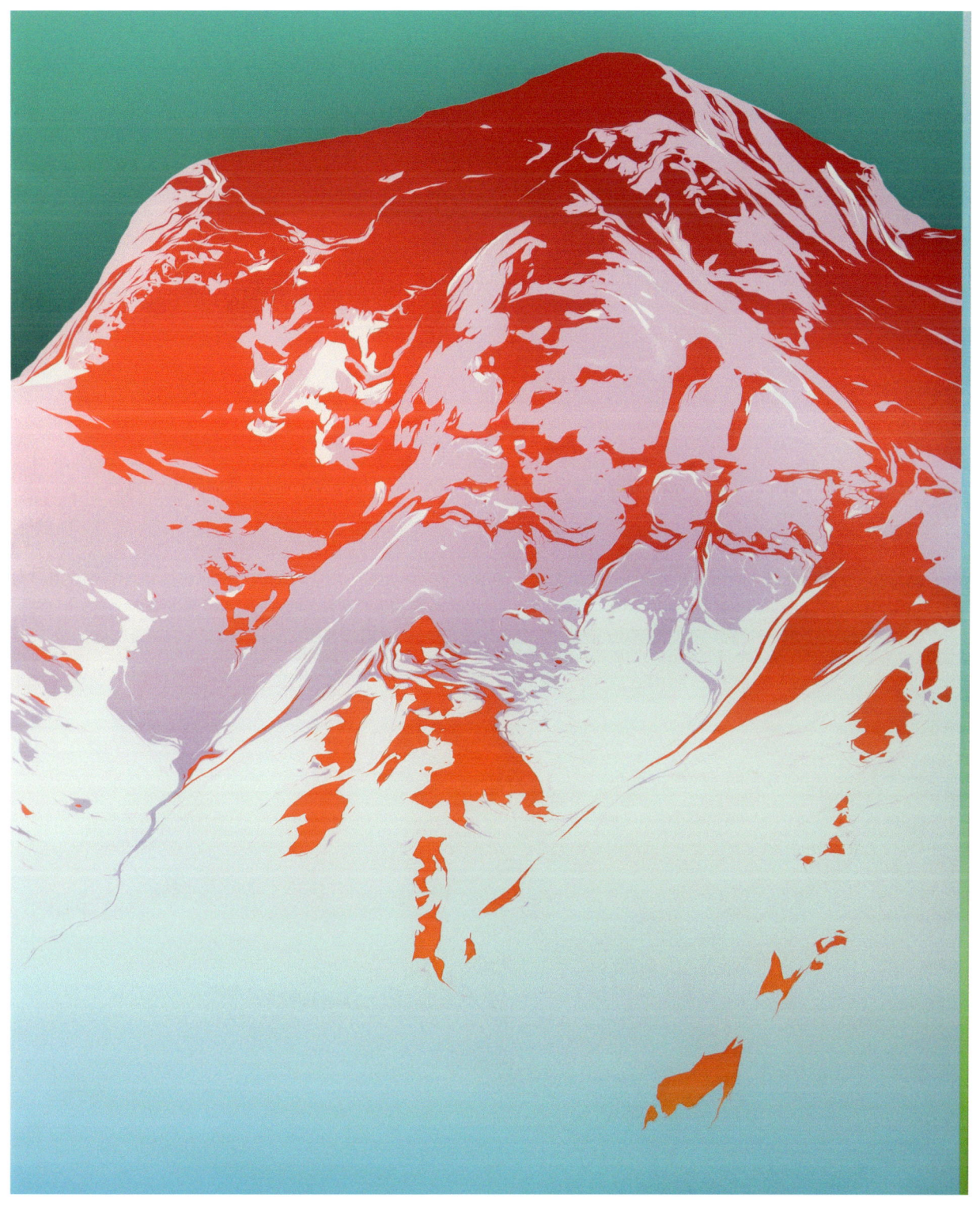

Coloria

José Antonio Hinojos (José Antonio Hinojos Morales)

Óleo sobre tela

163 x 111 cmm

Chicas Malas
Paula Lisbona (Paula Lisbona Ruiz)
Óleo sobre lienzo
150 x 110 cmm

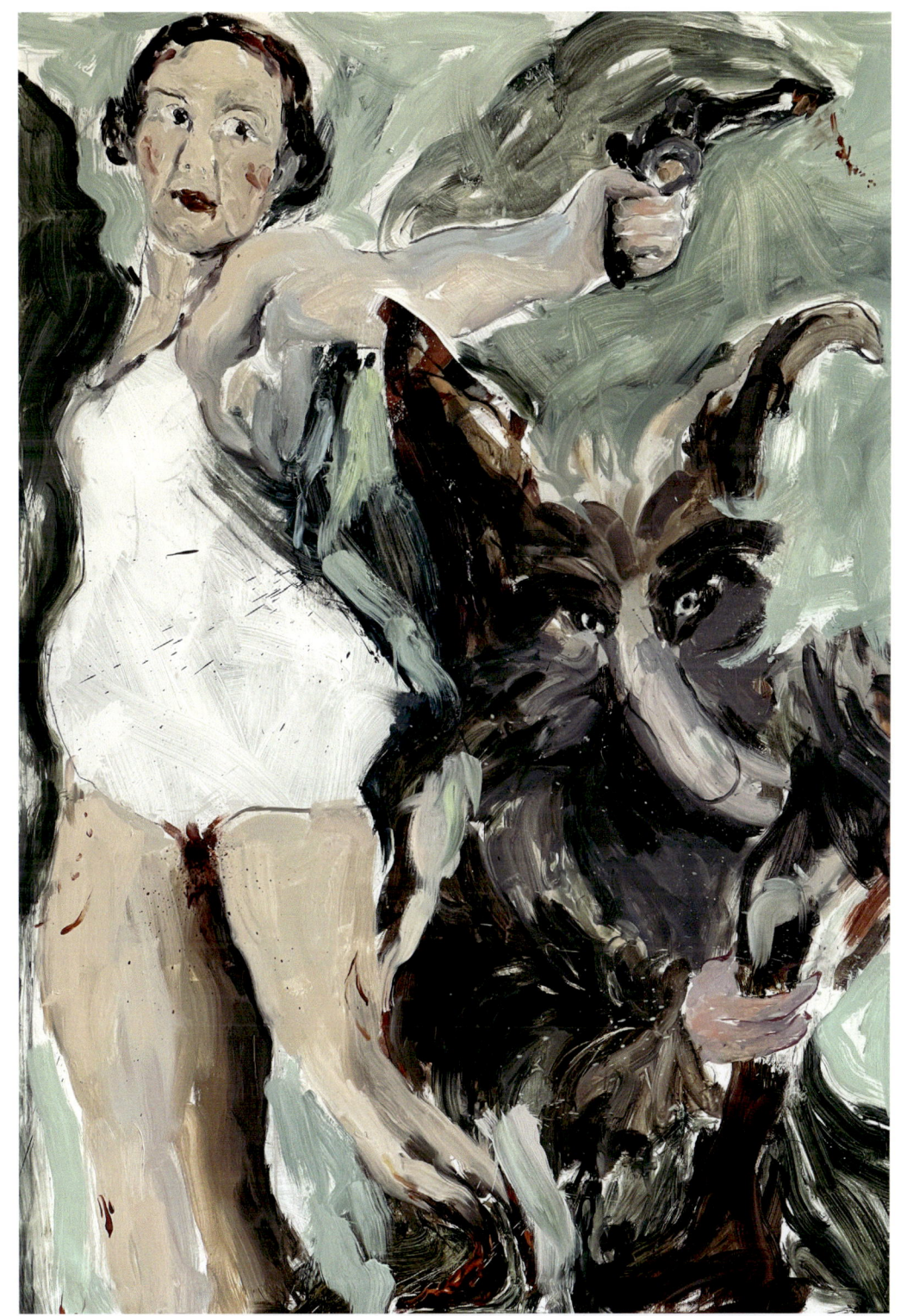

Monografías sobre la aparición #3
Josep Tornero (Josep Tornero Sanchís)
Óleo sobre lino
195 x 195 cm

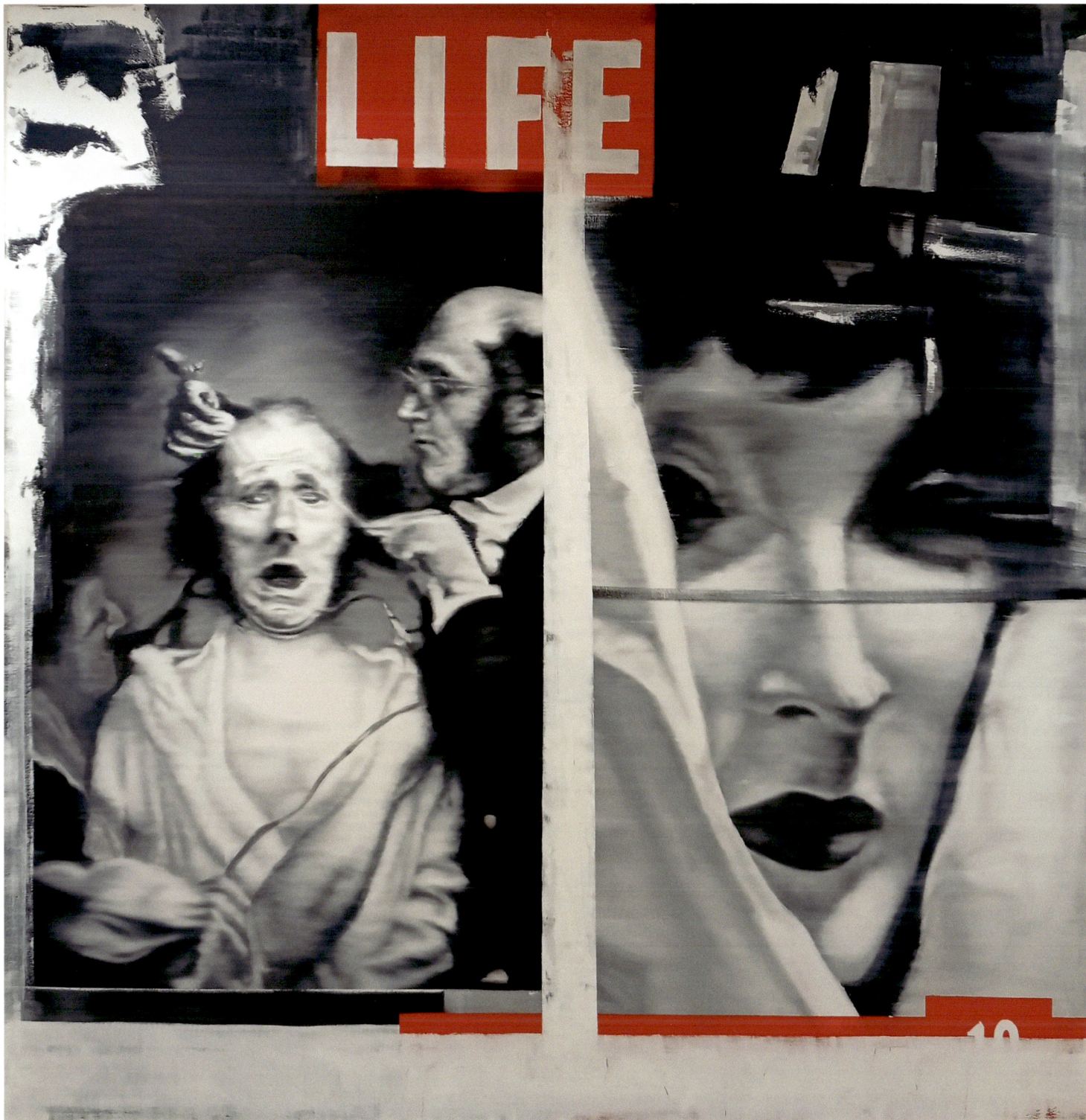

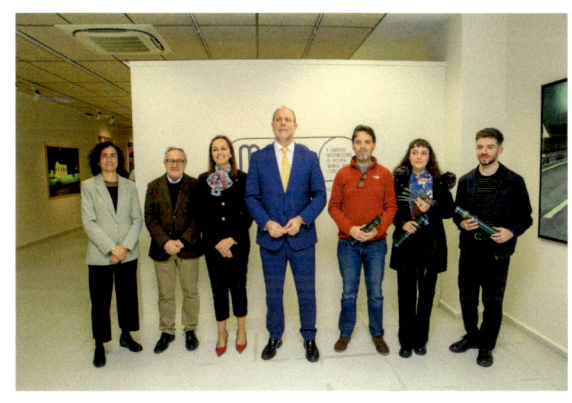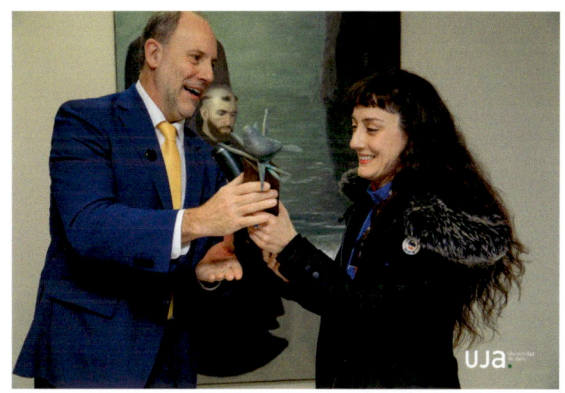
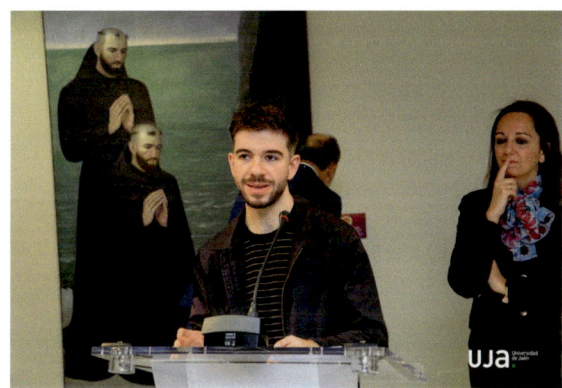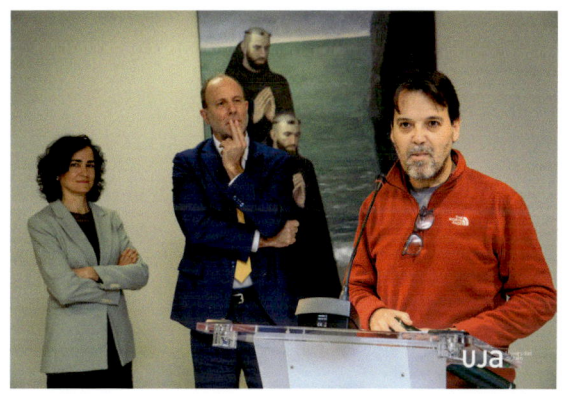
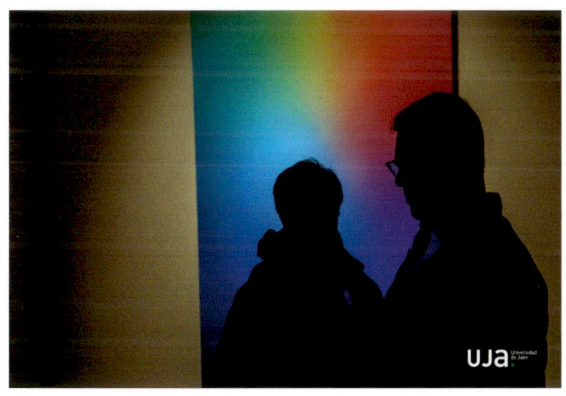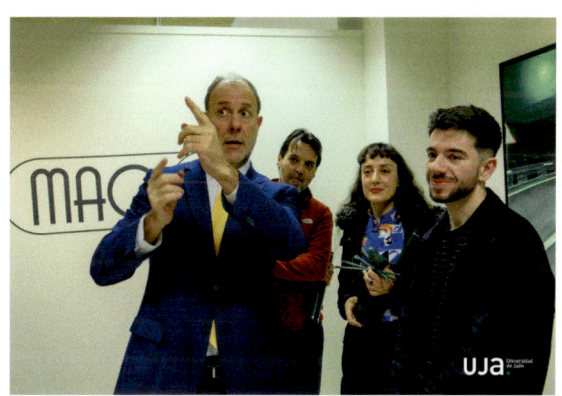

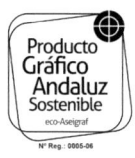

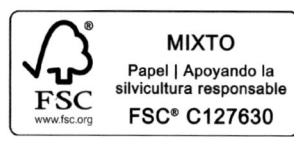